异见中的身体

马 姝——著

Politics
of the Body

上海人民出版社

献给程笑如，我仅在照片上见过的外婆

目 录

自　序

书从何来？

1

20 世纪 70 年代末的一天，因心脏病突发抢救无效，才 53 岁的外婆便永离人间。第二年，我来到世上，对外婆的记忆于是仅限于两张旧照。照片压在她与外公旧居客厅五斗橱的玻璃板下，逢年过节，她已成年的孩子和他们的家人来这里聚会，满屋喧嚣，她在场又无关的，在照片上端详这一切。

两张旧照都是与外公一起的半身照。一张泛黄，一张黑白。泛黄的那张照片上，是一对精致摩登的璧人：烫着齐肩卷发的外婆，缎面旗袍的立领衬出端庄；西装领带的外公头势清爽，油光可鉴。也许是他们年轻时的结婚照吧，那么年轻，带着那个时代市民阶层的时尚气息和恬然心态。黑白那张上的他们已是中年，服饰气质已然大变。外公中山装棉袄，面显苍老。对比更鲜明，鲜明到和年轻时判若两人的是外婆，梳齐的短发别在耳后，一只发夹沿前额往后收住头发，门帘一样，拉开一张劳动妇女常见的疲态的脸。昔日的摩登女子已经不见踪影，也是工作服式样的棉袄，规矩、整齐、显旧。更让人难以将其与泛黄旧照上的女子视作一人的，是她鼻梁上多出一副高度近视眼镜，镜片漩涡一般，厚到看不清双眼。

她们竟然是同一个女人！如此刺目的强烈对比深深震撼了幼年的我。从好看的漂亮女人到"丑老太婆"，这期间发生了什么？仅仅是岁月的留痕，是自然衰老生理现象吗？

外婆生得太多。母亲在念起过早离开人世的母亲时，时常说起这样一句。说这话时的母亲，已是和她的六个兄弟姊妹一样，是"一胎化"的执行者。外婆有七个孩子，五女二男，相比只生一个孩子的她的儿女们，当然算多——难以想象的多。她的患病，她的过早去世，和频繁生养和无尽的操劳有关吗？母亲没有说。但伤感哀叹的语气里又似乎藏着答案。

那时的我并不知道，外婆，这仅在照片上见过的亲人，这有关她早逝的非医学的碎语闲言般的猜测，以一种独特的方式在小女孩时期的我的心中根植下一个恒久的"女性之问"。这个问题将在未来的岁月里与我所见所知所闻的女性世界里的种种讯息一道，构成一种推动我不断去进行探索的神秘而强大的力量。在进入被污名为"女人全面的衰退期"的中年之后，这股力量更是助我抵御了种种困扰，将这部与生育有关的书稿整理付梓。

2

少女时代，一些让我似懂非懂的话开始飘进耳朵，那是母亲和她的姐妹们的"女性私话"。私话里有些让人面红心跳，比如月经、排卵……有些让人不寒而栗，比如为防止怀孕，有一种金属工具，

异见中的身体

将按照规定，放置在女人的身体里。

与我无关，却又似乎有关。因为我是与她们一样的人，她们曾经历的，她们正在经历的，也许也是我将要经历的。月经、排卵、金属工具……每一个词都提醒了女性身体的特定功能：生育。而这种功能的行使，并不完全由身体的主人决定。不由自己决定的身体，又预示着一种无法自行决定的命运。可是，除了身体，我空无一物，如果身体不是由我决定，甚至有时都不属于我，那么，"我"又是谁？

有关生育的另一些讯息来自各种读本、影像以及亲密朋友的倾吐。中学语文课本里有篇怀念母亲的文章，文章里，农村母亲一生下孩子就马上下地干活，生孩子仿佛穿衣吃饭一样轻松寻常。电视剧里一表现怀孕，就是女人忽觉异样拼命呕吐，脸上或者是惊恐，或者是不胜娇羞。意大利电影大师安东尼奥尼 20 世纪 70 年代拍摄的纪录片《中国》里，针灸可以让产床上的女人面带微笑毫无痛感地生孩子——那模样不像是生育而是在享受 SPA。而我的女性朋友，有妊娠强烈在医院受尽折磨的，有说她一生最孤独无助的时刻就是躺在产房一隅等待的时候，疼痛恐惧不算，还要承受一种"羞耻"：护士时不时走过来摁摁她的肚皮，说声"还早呢"，便面无表情地走开。

也有自始至终都没有太多不适，一说起生育就如同得到奖赏与恩赐的——生的经验如此不同，养的体会也是千差万别。"队友"的情况，经济条件与生长环境，都让养，让"成为母亲"这件事有着各不相同的内容与意义。无尽的喜悦有之，无名的烦劳亦有之。也许成为母亲便成了他人眼中的女人，但是成为他人眼中的女人是否便成了自己？"成为母亲"的渴望是那么强烈，喜欢做母亲也是真实无疑，但是，"我是谁？"的疑问似乎也常常升起，盘亘不去。福柯意义上的"自我技术"出现了。闭上眼就等于没发生，不思考就等于问题不存在，谁不是这样，纠结着就老了，矛盾着就不再矛盾了？

也有没掐着点"完成终身大事"的朋友，她们往往受了更多教育或者见识过婚姻之外的另一个世界，试图去争取一种有那么一点不一样的生活。但是，当她们朝着那个"可能生活"前进的时候，有个声音，有个闹钟的滴答声在提醒她们：你还有一个任务没有完成。是婚姻，不，或者直接一点说，在结婚意味着生育的主流婚姻观中，那个任务就是生育。当她们将时间分配给学业或者对更多可能性的探索时，那个滴滴答答的声音只会越来越响，越来越令人心焦。并没有人在命令你，但身为女人，这个事实本身就是一种命令。

年轻一代似乎不同了。一次问起 Z 世代们的婚育态度，几乎是众口一词：不婚不育。连带着，让我这个问题都显得 out。态度不代表最后的选择。脱口而出的"不婚不育"，可能是新的从众、焦虑与茫然，可能是对生活压力和社会模塑的抵制。就当成是一种不可全信的情绪之辞吧——毕竟她们还没听到闹钟的滴答声，还没因为成为主流而渐趋保守——但这也证明着，情况与 20 年前的我的青年时代已不一样了，婚育不再是她们人生的必选项，或者，她们有了新的选项——

比如单身生育，生孩子不一定要和结婚捆绑起来。生殖技术高速发展，也可以把卵子先冻起来留待合适的时机使用——让那个不停催促的闹钟见鬼去吧！这种种的设想、实践与"不婚不育"的态度并不矛盾，它们都是一种日渐清晰、强烈的女性主体意识的表达，这个主体意识与日益变得可行、可能的生育自主联系一起：生育不

异见中的身体

再与其他的条件捆绑，生育可以完全是一件让女性体验到更多自由的事。

3

有生之年携带女性之躯在女性世界里聆听和感知到的女性在生育经验上的异同，所观察到的与生育有关的种种变与不变，让我深切地体会到：女性生育的身体，既是女性感受和确立自身的存在，探索和发掘自我的基础，也是冲突频发困境不断的来源。满足与自由源于此，不甘与束缚也同样源于此。

这种矛盾感非常的现代。因为唯有进入现代，女人的身体才得以从那一被规限好的空间与职责中解放出来，一个完全不同的女性形象得以"浮出历史地表"逐渐显影，女性的自我意识如混沌初开一般突生、型聚和发展，与曾经无声的他者状态已完全不同。身体能力的锻炼和彰显，证明女性与男性在很多方面本无区别或者只是存在人为定义的区别，女性理应得到与男性一样的平等发展的机会。但是，出走一圈之后女人们却发现，生育——与婚姻制度伴生的生育，似乎又将自己拉回原地。生还是不生，生几个，又成为一个"女性问题"，让女性向前迈出的脚步里多了几分犹疑与踟蹰。

当下的环境中，这些出现在女性身上的挣扎之痛与抵牾之声，依旧以一种不可见和不被重视的方式存在着。仿佛人口数据的变动只需要依靠政策的调整就能实现。但是身为女性，却无法不对这些女性内部始终沸腾着的声响与情绪报之以关注。为了理解这些动向，事实上也是为了理解自己，理解她人，或者，就是为了一解外婆那两张照片在我心灵上根种的谜团，为了让我每忆起外婆从另一个世界投来的目光时，不再是迷怔与失神，而是释然与抒怀，我开始了一系列的阅读与写作。

我将检索的视线投向清末民国，因为就是从那时开始，生育与女性的关系，开始发生前所未有的变化：女性在生育一事上可以是，也应该是自主的。来自西方的平等观、生育观冲击着古老的为宗族续血脉的继嗣论，以西医模式构建的诊所医院也逐渐取代由产婆和女眷构成的"女性生育空间"，女性对生育的认识和生育体验发生着改变，围绕生育的身体形成的权力网络也与以往有了不同。国家与公共卫生机构，现代人口治理技术与依然有强大韧性的生育文化，令女性生育的身体处在更为复杂的境遇之中。女性的身体上实则烙印着社会变迁的痕迹。从身体入手，识别这些痕迹，或许能够帮助我去"解谜"。

但是单一的社科术语和方法，或是某一种女性主义理论，在面对如此丰富多样的女性经验时，都不可避免地显示出其局限性。而且，即便是一些看似成熟理想的思路，也需要结合具体语境细加分辨。例如自由主义立场的生育权概念与我国单身女性的冻卵需求就并非完全贴合。生育自然还关乎着难以被实证被量化的爱与牺牲，以及无穷无尽、无法诉说也无从分享的差异化的情感和身体体验——有些甚至是全新的体验。这些，也都是凭借单一的社科术语和方法所无法抵达的。

小说、电影、戏剧一类艺术作品恰好能弥补这些不足。在虚构的想象的世界里，被规范话语压抑的经验和声音得到释放，被整全的逻辑削除过滤的思维触须得到伸展，正义与公平得到更为语境化的表达。近些年来，女性题材的这类作品在数量上见长，"身"为女性的经验以不可遏制的方式发声显影成像。身体洞藏的欲望，生育

异见中的身体

触发的反思，由私人的——因此而常常被视为是"女性的"领地所掀起的质询公正的风暴，也在这类作品里盘旋回荡。这些作品打开了我的感官与思维，也启示了我的另一种写作。

于是就有了这本集合了书评、法评与艺评的集子。这些文章反映了我近几年在一些根本性的女性问题上的思考。其中有些已经公开发表，有些则是初次面世。这不是一个标准的学术论文合集，却可能有着学术论文集所没有的广度与趣味。这些思考也未必合乎时宜，但是，对于一个难以闭着眼睛恒定血压进行写作的人来说，却是日常的功课。当然，假若其中有某些段落让您眼前一亮点头称是，那都应归功于我的女性朋友们，她们对现实的洞察与批评，常给我诸多启发。那些注定存在的不尽人意之处，则完全由我个人担责。

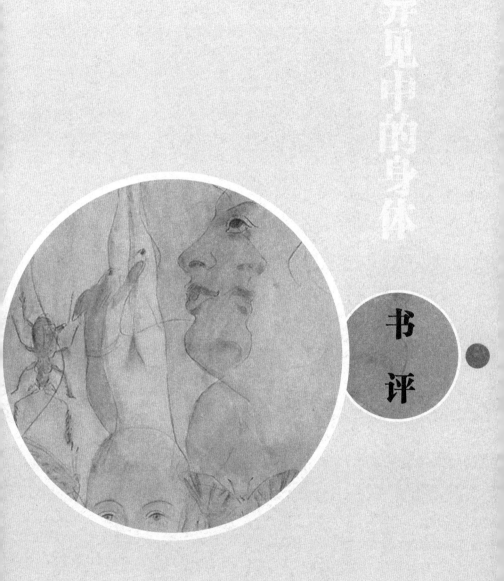

异见中的身体

书评

被解放的女性身体？

1

20 世纪初，为应对危机，清廷开启了《大清钦定刑律》的修订工作。汉唐以来的刑律，礼教是其核心，但《大清钦定刑律》的修订却是仿照以个人主义和平等主义为基础的西法来进行。如此"激进"的举措，势必引发争议无数。争议的焦点，最后集中在"子孙对于尊长侵害之正当防卫"和"无夫奸"这两条上。前者所争议的，是正当防卫是否适用于子孙受到尊亲属侵害的场合，后者所争议的，是和奸无夫妇女是否为罪（自唐以来都为罪，但在修订后的新刑律草案中，不再有这一条文）。梁治平先生指出，这两个条款之所以如此牵动人心，并非是因为其本身为刑法中最基本最重要的内容，而是因为它们所自出的两个范畴，男女和长幼，在传统道德、法律和政治上均有着特殊的重要性，以致针对这些条款所作的任何修改，都可能触动和改变传统中国的某些核心价值。但是相比"正当防卫"议题，"无夫奸"一条引发的争议更为激烈。很多反对者指责说，无夫奸不为罪的话，将破坏男女之别。那么，男女为何一定要"有别"？"男女"，是否又是这些核心中的"核心"？

费孝通先生认为，因为乡土社会求稳定，求秩序，一切可能破坏秩序的因素都要被遏制，男女的关系于是必须有一种安排，使他们之间不发生激动性的感情。男女的生活上的隔离就产生了，也即所谓的男女"授受不亲"。这样说来，在法律上设置性的禁忌，就是必然和必要的。只是，男女有别的"别"，是否指的是对男女无差别的设限？反对一方的重要代表劳乃宣在《声明管见说帖》中表达了他的担忧："今使有处女、寡妇与人通奸，为其父母舅姑所捉获，事发到官，官判以无罪而两释之，吾恐其父母舅姑之羞忿无以自容，强者将制刃，弱者将自裁……"显然，劳乃宣意在以废法之后的可能后果来支撑他的立场。他的假想或许存在夸大的成分，但是却无意中道出了社会对无夫妇女的贞洁要求。陈宝琛也提醒修法者："……甚谓国家崇尚新法，贞节不重，佻达无伤，一歧百误，堤决流倒，有非首议之人所能预料者。"女性的失节，在他看来，竟有如此可怖的危险。

可见，在这些礼教人士眼中，妇德是人道的大本，"妇德修而人道乃有所始，妇德废则纲纪无首，王化无端，父子君臣皆将失其所矣"。《历史、身体、国家》一书的作者黄金麟认为，将整个世界的运作和安定都建立在妇德的维系上，并视其为一切权力关系的基础，并非是在推崇女人对世界的贡献与影响，而是想借此束缚女人的身体，将她的生理与情欲牢牢约束在礼仪教化之下。这显示出，"妇女的身体在中国一直受到各种权力形式和真理性声称的羁绊"。黄金麟指出了礼教派恐慌心理的来源，也补充了男女有别的"别"的内涵。原来，"别"的成功，是建立在对女性身体的禁锢，对女性活动空间和情欲的双重规制之上。

女性身体状态之于传统中国社会秩序的意义早已经由妇女史的

异见中的身体

研究而得到充分揭示。秦汉之际的妇女接受诸种礼仪教育，礼教的规训与空间和身体的分配以及规训其实密不可分，礼仪的空间从来不是一个客观、匀质、科学意义下的空间，而是充满宇宙图式、伦理关系、权力分配、文化象征系统的空间。再比如内闱一词，既标注了女性的活动空间，也指涉了女性身体的幽闭状态。这意味着，一个女人并不仅仅要藏身不露、充分表现阴的倾向，还要能完全克制欲望。

　　黄金麟对礼教人士强调妇德的用意的揭示，为中国女性身体所做的申诉，似乎并不显得新颖。但是，在十多年前，在法史研究对于略显时髦的"身体"还没给予充分关注之时，他鲜明而执着地将身体引入对近代史的观照中，并以近代中国法系的变迁为例来追踪修法行为对身体生成的影响，便显出十足的前沿性与先锋性。清末民国正是国人身体发生急剧变化的时期，法律的施加对象又正是身体，清末修律以及之后的国民政府制颁《中华民国民法》的行为对近代中国身体建构的影响就成为一个天然的、绝佳的选题。在梳理了社会理论中从古典三大家到福柯、特纳等人的身体理论后，他取福柯和韦伯的交集之处作为论著的理论出发点，同时以一种"趋势的转变"去观看身体在近代中国的发展。清末发生的、试图往律法中注入平等色彩的刑律修订行为无疑值得深加剖析，除此之外，军国民体育理念的传入、钟点时间的采用以及频发于街头广场的学生爱国运动，也被收归于他的视野之中。在对既有史料进行一番"身体"视角下的解读后，近代中国身体的演变趋势在其极具个人风格的表述中渐渐显现，即身体的国家化、法权化、时间化与空间化。

　　需要注意的是，此处的"身体"，是一个抽象的整体意义上的身体，也就是说，作者无意引入性别"变量"，另辟篇章，对中国女性身体的历史经验进行专门考量。对大清新刑律修订过程中礼教派人士的言论的分析，只是为确保论述的整全性而做的一个必要的涉及，不是全书的重点和主线。女性身体这一概念在其论著中所扮演的角色，也有别于专门的妇女史研究，那么，他的研究对于理解中国女性近代以来的身体动向，价值何在？

2

身体从与灵魂、与理性相对立的关系中分离出来成为独立的认识对象，与西方思想家们对身心二元论造成的人的压抑以及与之相应的人的解放问题的思索有关。尼采的"一切从身体出发"，福柯的遍及身体的"规训权力"，以及看似没有提及实则时时浮现身体幽影的马克思的"异化"，都提示着西方自身历史经验尤其是资本主义对于人身的作用与影响，是"身体"从西方思想史中"忽然"绽出的重要前提。但是，中国与西方的历史发展轨迹并不相同，因此，黄金麟意识到，在以源自西方历史经验的身体理论来观照中国问题时，必须保持必要的谨慎。譬如，资本主义的发展必须诉诸劳动生产力的充分供应与自由买卖，在这种情况下，将个人或妇女的劳动生产力从家庭中解放出来，投入到资本积累与再积累的过程中，就成为一个不可缺少的动作，这就造成了资本主义与家父长制的可能冲突。在资本主义的挑战之下，父权在西方渐显低落，这个竞争的过程也是个体主义所以在西方首先诞生的部分原因。他认为，在西方，父权的低落主要来自资本主义的发展和挑战，在中国，却是起源于国家主义的抬头和亡国阴影的迫切压力。因为，近代中国虽然也受到资本主义的影响，但同时还面临着民族国家建立任务的压力。正是

异见中的身体

这种历史局势成为中国身体产生变化的重要起源。清末民国的修律与立法行为给身体所带来的影响，也要放置到这一历史局势下去看。

大清刑律草案的制定者参照西法，试图将现代的人人平等的理念灌注到法律当中，让刑律出现了由伦理法向权利法转变的趋向。删去与无夫奸有关的条文，自然也存在着解除束缚在女性身体上的礼教约束的意义。在这一黄金麟称之为身体法权化的过程中，拥有个人欲望的那个身体得到了重新的认识。国民政府颁制的《中华民国民法》中，也删去了过往民律中对女子行为能力的各种特别限制，女性身体的活动空间不再因为性别而受到差别对待，女性身体因此而进入一个前所未有的新的发展阶段。但是，这是否意味着女性身体从此就获得了解放？黄金麟对此有深层的怀疑。

在当时的情境之下，个人是通过国家的助力而从父权、从家族主义的控制中解放出来，个人与国家之间于是形成了黄金麟所说的"相互为用"的连带关系。在法律层面，行之千年的伦理本位固然被权利本位所取代，但那个身体权利义务的对象也由家族演变为了国家与社会。国家主义的长盛不衰，既是受时代危机的刺激，也是受这种以国家作为最高权力中心的法制变革的有力支持，二者之间存在微妙的互动关系。正是这种个人与国家"相互为用"的关系，使黄金麟对女性身体的"解放"程度持一种保留的态度。身体确实得到了松绑，但松绑是片面的，也是功利性的，因此很难称得上是一种对身体的解放。他举出来的例子，如放足，让女性畸形的小脚得到伸展的空间，但这一更强健的身体所服务的，是强国保种的政治目的。康有为在《请禁妇女裹足折》中就曾说："欧美之人，体直气壮，为其母不裹足，传种易强也。回观吾国之民，尫弱纤偻，为其母裹足，故传种易弱也。"《中华民国民法》中明确禁止早婚，也有类似目的。梁启超在当时也指出："早婚不但有害养生，有害传种，有害养蒙与修学，更有害于国计民生。"国家于是干预早婚的行为，以使女性的身体能在更适宜的时间生育更强的国民。这样看来，对身体"殖民"的权力，不过是由家族和礼教体系转移到了"国家"的手上。

黄金麟的这一论断是否符合女性身体自近代以来的发展轨迹？新刑律因为清朝的迅速覆亡并没有来得及实施，随之而来的运动浪潮革命洪流，释放了压抑已久的身体能量，也裹挟着身体朝着更为宏大的政治目标挺进。在此过程中，女性的身体处处可见，成为历史发展进程中一个不可抹去的重要存在。女性抗击压迫的身体、参与革命的身体、集体劳动的身体、生育的身体……以过去历史上不曾出现过的规模和不曾涌现的力量，出现在民族国家建设和发展的历史舞台上。她不再受到礼教的严控，但她是否走出了国家的视线，成为自主自在的自己？站在今天的位置回看过往世纪中女性身体与国家之间的诸般故事，应该不难做出判断。

3

身体一词近些年频频出现在学人著述中，成为越来越多的研究所直接或间接指向的对象。这与其说是一种后知后觉，一种对身体价值的追认，不如说是早有预兆的必然回归。肉身早已沉积下各种权力形式作用后的印记，等待着被照亮、被显影、被述写。黄金麟这本书完成在十多年前，但放在今天堪称海量的身体研究著述中，依然闪烁着独有的无法淹没的光辉。他带着强烈的理论自觉、坚定的反思意识和对中国人身体处境的关切，返回到近代开启的那个喧嚣剧场，细致剖解稳态的定型的中国人身体在历史的大刀阔斧或是

异见中的身体

无形之手的模塑雕刻下渐渐动摇、改变的过程。对这个过程的分辨与梳理，对于理解国人后来的身体形态，尤其是身体在面对已与消费主义、新兴科技、医学权威等捆绑一体的权力形式时所采取的应对姿势，都极有帮助。然而，像这样贴紧时代的转捩点，从具有共性的诸多事件中总结出一个近代身体的生成脉络的研究，其实需要真正意义上的创新之力和甘冒风险的探索精神。它构成了福柯以来的微观权力探视方式的一次中国化的尝试，也因为对身体一面的打开，让曾经被认识到的诸如"国"对"家"的置换、现代时空观对人的接管等问题得到了新的、更有"具身性"的阐释。特别是对清末修律这一已被固着在"礼法之争"的认识框架下的事件，他看出了其对女性身体之后走向的潜在影响，这对于已有的女性身体研究而言，是一个法史视角的经验补充，对于立足当代的法律与性别研究，则提供了一个可供参照的历史坐标。

此书的不足已有很多人提到，身体概念的模糊性是其一。究竟是福柯所声明的，是某种客观的、实践性的整体，还是作为"符号"或"象征"的身体？在这本书中，并没有一个统一的形象。再有，他不断出新的学术名词一方面频繁给人以新奇感，另一方面也造成了某种阅读和理解上的障碍。但是，试验的勇气和创作的激情，独立思考的精神和对"人"的存在的深切关怀，却每每冲破这些障碍，触动阅读者的可能被习惯束缚已久的"身体"。在惊异和停顿之处，便有新的事物诞生，而这，或许也正是身体存在的意义。

(黄金麟：《历史、身体、国家：近代中国的身体形成（1895—1937）》，新星出版社 2006 年版)

本文原载《读书》2022 年第 6 期

"桑格热"之后

1922 年 4 月,美国生育节制运动领袖,著名的桑格(Margaret Sanger,又译山额尔)夫人漂洋过海来到了中国。她先后在北京、上海两地进行演讲,展开交流。所到之处,人潮涌动,舆论沸然。最为著名的,她在北大第三院礼堂进行的主题为"生育制裁(Birth-control)的什么与怎样"的演讲,持续了两个小时之久,《晨报》记者形容,"听众千余人""后至者多不得坐位,鹄立无倦容"。桑格旋风已然刮起,各大"媒体"纷纷跟进,热炒生育节制这个敏感吸睛的话题。许多大名鼎鼎的知识分子都参与了这场声势浩大的讨论,令话题常居"热搜"榜首。

桑格夫人的生育节制思想,源起于她身为女性对其他女性的同命共情。在有关她的生平介绍中,屡屡被提及的,是她年轻时经常目睹太多女性为生育所累而最终陷于悲苦命运。她母亲因生育过多子女而很早离世,一些劳动妇女无法控制生育而被迫选择堕胎,有的甚至因此丢了性命。她认为,这一切悲苦的原因,在于女性无法掌控身体、不能决定生育。她作为护士,曾远赴欧洲学习避孕方法,她相信,避孕会是一个解救之道。当女性可以自行决定是否做母亲,

异见中的身体

何时做母亲，做几个孩子的母亲时，她将会过上完全不同的，更有尊严的生活。她在1936年出版的自传中如是说："我已经受够了这些短暂或者表面的解决办法，我已经下定了决心，无论付出什么样的代价，我都要将这种罪恶连根拔除，我要改变那些受苦受难的母亲们的命运。"

但在当时的美国，法律仍然禁止避孕用品的流通，对人的思想行为影响更深的天主教也以严苛的性道德来约束世人。要改变母亲们的"命运"，可谓困难重重。桑格夫人无惧压力，她办杂志、开诊所、成立计划生育联盟。她还将她的观察和思考上升为理论，即以"母性自主"为核心，糅合了新马尔萨斯主义观念在内的，一套完整的生育节制思想。在她的理论中，最高频出现的词汇就是母性自主、女性的精神、女性的自由。

她认为女性争取参政、财产权对于女性的生存没有直接影响，"无论或成或败，伊在男子所操纵之社会中"，女性要改变自身的地位，就要认识到"于生理上具有母性之职能"。服从的母性，是暴政的基础，"古来暴君虐政，胥以无知而服从的母性为其基础；且胥赖此母性之产物，而发扬滋长者也"，服从的母性也是战争发生的原因，因为战争源于盲目之中生育了太多的人。女性一旦拥有自由的母性，就有了自由的意志，社会中也就有了更符合人性的性道德和和谐的婚姻，女性于是能培育出优质的子女，种族因此而改良，战争也因此而被遏制。

她誓要唤起女性的母性自决的意识。在她看来，女性有追求自由的天性，这个天性即所谓的"女性精神"，是女性"绝对的根本的内性"，它具有改变社会的潜能。而"非所欲之妊娠和非所望之子女"都阻碍了这种天性和力量的发展。大多数女性还处于蒙昧蛮荒的状态，需要被启蒙。反抗者也有，但人数很少，手段也过于极端，如杀婴和堕胎。她认为，"仅作各个人之奋斗而非群众之举动"，益处不大。女性需要联合起来，为实现女性的自由而努力，女性也要意识到，以女性精神作为内驱力去改变世界，是女性的职责所在，女性应当"偿还此债"。

在桑格夫人的思想里，生育成了一个可以撬动世界的支点，女性也被抬高到了一个近乎"神"的地位，仿佛女性通过控制生育，就能改变自身处境，并进而改变社会，实现大同。这无疑带有一种狂想的色彩。但这种激情文字和救世情怀与桑格夫人精力充沛活跃非常的生命状态正是浑然一体的。她成了道德警察们的眼中钉，逃避追捕和蹲监狱是家常便饭。她离婚结婚，拥有多个志同道合的亲密爱人，她足迹遍布欧美大陆，也曾数次抵达亚洲，她一生从未停止过对她的生育节制思想的宣传，对于美国法律最终改变对于避孕的态度也做出了不可磨灭的贡献。她确实活出了她构想中的那种自由女性的模样，成为美国乃至世界妇女解放运动史上的一个不朽传奇。

不难理解，为何这样的一位女性，这样的女性思想，会在民国时期受到很多知识分子的热捧。当时很多知识分子早就开始了对救国之路的探索。他们反思"旧的"传统，对恋爱、婚姻、性道德、生育这些原属私人领域却关系着人性解放的事项有着强烈的讨论愿望，他们也对来自西方的文化观念有着引进和传播的热情。在桑格夫人来华之前，也已经有陈长蘅、邵飘萍、陈独秀等人就中国的人口问题提出过相应的设想。这些知识界的动向，都预示着"桑格热"的必然到来。桑格夫人离开后，当时的知识界便如开篇所说的那样，围绕"生育节制"，在媒体上唇枪舌剑，掀起了一波又一波的讨论热

异见中的身体

潮，如同与桑格夫人进行了一场跨越大洋的"隔空对话"。只是，内容其实驳杂且带有强烈的女性至上意识的桑格思想，会在与美国有着完全不同的历史文化传统的中国得到怎样的发展？

　　讨论的方向基本对应着桑格思想中的四个方面来进行，即母性自决、性道德、人口和优生。如陈望道主编的《妇女评论》特别站在母性自决的立场，提出生育节制的必要性。陈望道本人也在《母性自决》一文中强调"母性自决"和"恋爱自由"是妇女解放的两大基础。生育节制为妇女解放确实打开了一个新的思路，通过节制生育，女性有机会摆脱终年生育的苦恼，走出家门，寻求更广大的生活空间。但是是否生育节制就能如桑格夫人所说的那样，解决妇女的所有问题？周建人、李剑华等人是表示怀疑的。后者更是指出节育是妇女没有解放之前的"个人主义"的不得已的临时措施，认为"妇女只有能够参加管制自己的国家，才能得到真正的解放"。在性道德方面，桑格夫人"公开谈性"的行为无疑起到了破除性神秘、性愚昧的作用，知识分子们延续新文化运动已经促成的开放风气，公开就性道德问题展开辩论和探讨。主张生育节制者认为节育有利于保持两性间性爱，反对者中有将节育与猥亵联系在一起的，也有认为生育应该任其自然，不应加以人为限制。

　　在人口和优生问题上，参与讨论的人更多，争论也更为激烈。人口和优生并不只是一个纯然的个人生活规划方面的事务，它关系着社会整体的发展，在当时内外交困的时代背景之下，它还与帝国主义侵略、民族矛盾、国家的前途未来等问题夹杂在一起，成了一个事关"存亡"的问题，它甚至主要不是一个关系女性自由的问题。在关于当时的人口是否过剩、社会贫困的原因是什么、是否需要生育节制等一系列问题上，不同立场的人有不同的看法。民族主义者认为，人口过剩不是根本问题，社会贫困的根本原因在于帝国主义的侵略和剥削，生育节制论者在他们眼里也成了帝国主义的代言人。社会主义者也反对生育节制，认为要"谋得社会平等，唯有根本改进社会制度"。也有很多人从各自学科如人口学、经济学出发，认为中国存在严重的人口过剩，需要将生育节制作为解决人口过剩问题的办法。

在优生方面，生育节制论者大多认为节育能择优去劣，符合实现优生的理想。著名的人口学家、优生学家潘光旦不反对生育节制本身，但他坚决不能认同将节育与优生混为一谈，因为，人口问题构成复杂，涉及生物学、经济学、社会学等众多领域，并不是仅仅通过简单的节制生育就能言明解决的。在他眼里，生育节制就是一个情绪化的、不理性的女子所主导的社会运动。"优生学和生育节制"的论战，主要焦点在于生育节制是否符合优生学的价值。论战参与者大都在优生学和生育节制之间谋求调和，在他们"汰弱留优"的观念中，"优生节育"便成了改良种族的一个工具，而一旦涉及种族改良，生育节制议题就溢出了个人和家庭的范围，扩展到了国家和种族的领域。这意味着生育不再是个人或家庭的事情，而是关系到国家前途和民族命运的大事。生育的目的也从防老、传宗接代逐渐变成了为国家、民族生产优秀分子、培养健全国民的"强种强国"的重要手段。

这是一场主要由男性知识分子参与和主导的"大讨论"，也是桑格夫人生育节制思想与当时的社会现实和中国特定的历史文化脉络相融合的过程。在这个过程中，与时代氛围更相契合的部分得到了更多的阐发。比如，在救亡压倒启蒙的风向之下，那些于救亡图存有益的部分如优生观念就备受重视，那些带有启蒙意味的部分如母

异见中的身体

性自决、性解放就渐渐失去了"市场"。但是女性声音的缺失，也让这场讨论显得有些奇怪。毕竟生育是女性承担完成，生育节制思想的起始点和指向的目标之一是女性的自由与解放，其核心是"母性自决"。女性最应当对生育节制议题发言。但是，受制于种种条件，当时的中国女性并没有占据这个辩论台，发出属于她们自己的心声。这对女性处境的改变和对生育节制思想的发展，都是一种遗憾。陈东原在《中国妇女生活史》中就表达过这样的看法："以上所说的利益，对于女子终身的幸福是尤其重大的，所以制育的事，女子实在应当居主动的地位。最好是妇女们自己研究、自己主张、自己实行、自己互相转告。"女性的未能充分参与，也使得生育节制思想没有成为当时的中国女性亲手收获的，可用于争取妇女解放运动的理论武器。

很多言论背后，也隐含着特定的价值观和政治信念，所谓讨论，同时也是错综复杂的政治派系和意识形态之争。讨论已经不可能只是纯学术、纯讲理据的。有些人认为，避孕和堕胎是资本主义国家才有的特定产物，一旦合理的社会制度建立起来，这些行为都会不禁而自灭。在主张社会变革的人眼中，生育节制因其具有社会改良的特点而被整个加以排斥和否定。桑格夫人的理论于是在这类言论的推挡之间渐渐获得特定的阶级属性，拥有了特定的政治标签。那些与女性自由有关的内容也因此而淹没在立场之争中，没有被充分挖掘出来并加以深化，对妇女解放事业发挥出更大的价值。甚至女性内部，也在这种观念冲突之中，表现出对生育节制思想的不同态度。

一个例证是桑格夫人第二次访华的经历。那是 1936 年 3 月，此时中国正处于抗日战争的危急关头。关于她的行程有不同的记载。

如《申报》上报道说，桑格夫人于8日抵达了上海，陪同她的多是医学界同仁和研究生育节制的专家，其中不少也是女性，是中华妇女节制会的成员。但她身体不适，之后没能举行公开演讲活动。而据老一辈妇女活动家罗琼同志回忆，桑格夫人曾在三八妇女节那天出现在上海妇女界纪念大会上。由于当时的主要任务是抗日救国，当她上台演讲大谈节制生育时，她的言论遭到了"全体与会者的反对"，并且"引起了一片'嘘！嘘！'声"，最终被轰下台去。鉴于是时隔多年的回忆，人名上可能存在误差（有一说是马丁夫人），但有一点却是清晰的，那就是生育节制思想遭遇到了一个与十多年前完全不同的时代情境，它的被接受或被排斥，都说明，一种思想的命运，确实常由思想之外的事物来决定。

（［美］山额尔夫人（Margaret Sanger）著：《节育主义》，陈海澄译，商务印书馆1925年版）

本文原载《读书》2022年第9期

异见中的身体

母性自主是如何从生育节制运动中消失的？

我国的一胎化政策实施于20世纪后半叶，政策执行过程中出现的强制行为无疑是国家力量施加于女性身体的极端表现。但是在认识这些"让女性做出巨大牺牲"的强制措施时，有很多相关问题需要谨慎作答，例如，强制节育（流产）的行为是如何发生的——需要具备哪些条件？在具体操作层面，又是怎样的空间与技术条件、组织管理形式为此提供了可能？而隐含其间驱动并支持此类举措的，围绕生育所形成的国家与女性身体的生命权力关系，又是如何形成的？

显然，这诸多条件相互影响并且无法一蹴而就。例如节育措施发生的手术空间，是近现代以来伴随孕产医疗化的过程而逐渐建立起来的，孕产医疗化的过程也是女性生育的身体从家内空间和"三姑六婆"手中转入医院空间和医生、助产士手中的过程，这个过程可以追溯到现代医学进入中国的那个时刻。同时，原属个人和家内细事的节育行为（如避孕、堕胎和杀婴）被纳入国家的政治过程，女性生育的身体从家族之内转到国家的视线之下，也并非短期形成。①

　　俞莲实博士所做的民国时期城市生育节制运动研究，立意之一便是解决现有计划生育研究中存在的重两头（明清和中华人民共和国）而轻民国的问题。数量巨大的有关当时生育节制运动的史料，不仅构成对一段重要历史事实的再现，也形成了对上文所提出问题的一种回答。因为，无论是孕产医疗化在中国的开启或是生育之事由发生于私人空间变为完成于国家掌控的医疗空间，抑或施加于女性生育的身体之上的权力经纬的改变，都可在民国时期的节制生育运动中一觅踪迹。

　　先说节制生育的行为。节制生育运动发生在民国时期，但家庭内部的、女性自行实施的节育行为却是古已有之。宋史研究者刘静贞指出，在宋元明清时期的医书中，已可见许多避孕、绝育、堕胎的方药，以及以针刺引产的事例。② 妇女们主动掌握这些节育方法，有效地控制或解决自己的生育问题。当然，作者同时也指出，这并不意味着明清时期的妇女已经拥有相当的"身体自主权"，可以自主地决定家中嗣续存留的大事。其实在节育或杀婴问题上，妇女往往听从于家庭的集体抉择，很少有妇女单方的判断和抉择。不过，因为孩子的生育被视为女性之事并且母亲的角色很受重视，妇女于是对于节育多少具有一些自主意识。

　　但是节育的前提自然是生育职责的履行。因传统中国社会是以

① 李中清和王丰认为，当代中国的计划生育是家庭集体生育控制向更大的集体——国家的延伸。见李中清、王丰：《人类的四分之一：马尔萨斯的神话与中国的现实（1700—2000）》，陈卫、姚远译，三联书店2000年版，第135页。

② 刘静贞：《不举子——宋人的生育问题》，台北稻乡出版社1998年版，第43—45页。

异见中的身体

儒家的"仁"与"孝"这些纲常伦理作为主流意识形态的父权制社会，女性在社会中的最高价值和唯一使命就是孕育和抚养下一代，就像"有子月经天，无子若流星"所示，女性主要是通过生育——尤其是生儿子来巩固她在家庭与社会上的地位。女性身体以对生育这一家族职责的履行来获得父权制社会中的相应地位，在家庭这一父权施展以及女性表现服从的空间内完成生育，是经年不变的常态。民国节制生育运动开始之时，自然也是如此。

民国时期，西方生育节制思想传入，生育节制运动逐渐在城市中酝酿发展。在此背景下，围绕女性生育的身体而形成的生命权力关系也悄然发生改变。首先是国家逐渐越过家族，成为女性身体履职的对象。这一转变的发生与诸多力量的推动有关。例如，生育节制运动中出现的一类社会舆论便是以建构女性生育的身体与民族国家之间的关系为核心内容。史料显示，生育节制运动的倡导者主要是知识分子和医学工作者，运动的目标是为了实现"生育控制""家庭和儿童幸福""降低人口增长"，所采取的方式是开设节育诊所、提供节育医疗服务、言论宣传等。民众生育观念的近代化和生育医疗化也相应而发生。值得注意的是，节制生育运动发生在"内忧外患"的特定时期，怀抱强烈危机意识的知识分子对生育节制思想的兴趣主要在于它具有"现代"和"科学"的一面。因此，在热烈的舆论宣传中，一些知识分子将源自西方的避孕方式与科学、人道主义、道德相联系，在中国民间流传和实行的堕胎、杀婴等生育控制手段则被"陋习化"，成为落后与野蛮的代名词。隐藏在这些宣传之中的，无疑是一种急切的"救国"思想：以节制生育来减少作为贫病来源之一的过剩人口、提高人口的质量，都有助于国家的强大。于是，节育也不只是对个人乃至家族有意义，它同时还是一件与民族兴亡密切相关的大事。当节育意味着救国，女性生育的身体也与民族国家的未来建立了联系。

在堕胎杀婴为落后野蛮之陋习，科学避孕为现代进步之方法的二元对立话语不断建立的同时，与此相应的近代医疗和卫生体系也建立起来并与以往的支配生育行为的空间与群体发生竞争，女性生育的身体所受制的空间与权威也开始发生转变。民国生育节制运动开始之前，包括堕胎、接生在内的一系列事关生育的事项主要由旧式产婆介入和参与，发生在家庭内部的空间。待近代医疗和卫生体系建立，助产士、妇科医师和医疗机构在城市中开始执掌生育要事，干预妇女的孕期保健、接生和妇产科的各种疾病。不孕、节育、避孕治疗也开始由专业妇产科医师掌握，妇女到妇产科医院或节育指导所接受节育医疗服务的情况逐渐增多。[1]女性生育的身体开始处于新的医学空间之中。生育空间发生转换的同时，也是对女性身体的支配权发生转移的时刻。在分别代表着中与西、旧与新的势力的较量中，近代医疗和卫生体系作为"现代""科学"的产物，逐渐获得对生育空间和妇女身体的掌控权。围绕生育空间的新的医疗支配与权威逐渐建立起来。[2]专业化的医生成为唯一能够控制人的身体和生命的权力象征。

南京国民政府在此期间也有生育节制方面的举措。例如国民政府于1945年通过了《民族保育政策纲领案》，其中"指导适当的节孕"的表述说明，国民政府结束了之前人口增减问题上的争议，在生育节制上达成了一致。20世纪三四十年代，国民政府为提高妇婴

---

[1] 俞莲实：《民国时期城市生育节制运动的研究——以北京、上海、南京为重点》，2008年复旦大学中国近现代史博士学位论文，第223页。
[2] 同上书，第218页。

异见中的身体

卫生也做了很大努力。其中一项措施便是培养"新法接生"的助产士以取代传统的旧产婆,并建立起地区卫生机关\妇婴保健院——助产士——个别家庭和妇女的三元权力关系。原来属于家庭和个人的生育空间开始受到政治的支配,那些在私人领域或生育空间中沿袭的惯例和自律规则也因助产士的介入而逐渐发生改变。随着妇婴卫生的进一步制度化和医疗化,女性的身体从家庭和社会关系网与地方机构中脱离出来,进入了受到国家管理和控制的医疗系统中,国家可在维护妇婴健康的名义下对生育进行介入,妇女在生育上的自主性被削弱。特别是当加强对人口的"质"的管理和民族优生成为国家追求的目标,女性生育的身体也被纳入到了意识形态和政治秩序中,服务于民族国家的建设。国家权力对私人空间或生育空间介入和干预的另一个表现是婚前健康检查。在民族优生的目标下,国民政府设立了婚前健康检查制度,以为降低出生缺陷,提高人口素质。

由以上提及的史料与作者的分析,可以看到以往的儒家传统中因继嗣而形成的父权—家族—女性身体之间的生命权力关系,在民国时期已然发生改变,形成了以人口的增减优劣为目标的国家与女性身体之间的生命权力关系。促使这一改变发生的,从大的较为笼统的背景而言,是西方的强势冲击和现代节育观念、医疗技术的引入。具体到女性生育的身体与国家之间的关系的建设上,则表现在节制生育运动中的话语构建、生育空间和生育行为主导者的转变以及国民政府的干预推动上。我们也有理由认为,这一发生了转变的生命权力关系事实上也构成了中华人民共和国成立后计划生育工作得以推进的一个基本条件。

但是问题并没有结束。我们依然可以继续追问,当包含了母性自主、性解放等具有妇女解放意味的生育节制思想传入中国，并形成具有一定规模与影响的"运动"（其中也不乏反思母性的言论）之后，虽然有一部分城市女性因节育运动的推动而减少生育负担，但是生育自主并未作为女性群体的普遍意识，以具有现代性特质的思想资源融入民族国家的建设中。可见的，仍然主要是女性生育的身体作为缓解落后焦虑的符号被知识分子主导的节育舆论所援用，作为节育医学掌控的对象束缚于新的权力网络之中，以及作为生育更强健的国民的渠道为国家所重视，徒具工具性的价值。

一个常见的解释是"救亡压倒启蒙"，即清末民国所面临的任务主要是如何求得民族独立与国家的强盛。在这一具有压倒性力量的任务驱使之下，生育节制思想中具有女性独立意味的部分则必然被更利于形成群体性抵抗力量的思想所淹没。如 20 世纪 20 年代初期生育节制思想中所包含的母性自决、妇女解放、恋爱自由、性解放的目标，就不断被淹没，30 年代在救亡的声浪中以男性为主的知识分子群体也纷纷致力于建构生育节制与人口压力、种族改良、国家生存的关系，振兴国家、维系民族命脉在特定形势下成了生育节制的唯一目标。节育中具有救国之意义的部分在多种声音的竞争中占据上风，吞没具有私人意义的母性自主和性解放的声音于是也成为历史的必然。再以 30 年代西方节育思想在中国的命运为例——我们也可从中看到民族存亡之际个体主义发声空间收缩的事实——因为将身体投入到抗战洪流中才是正当。对于国民政府而言，改善人口质量和民族卫生，将个人生育行为置于政治控制和医疗卫生管理的网络系统中，使其接受国家权力的监督和控制，也更直接地关系到统治的根基和未来的命运，而这，也是压抑女性生育自主意识生长的宏观力量。

异见中的身体

而回溯既往，将视线投向家庭这一生育发生的空间，可以发现儒家继嗣传统影响下的女性以其生育的身体，在家庭中获得了重要的但是与男性有别的地位。生育为女性赋权，但权力的边界限于家内事务，对于家庭之外的空间，女性并无与男性相当的介入和发声机会。民国时期，在节制生育的议题上，有机会接受精英教育的男性知识分子纷纷发言，畅谈与构想节制生育与民族安危、国家强盛之间的关系，其中虽有少数知识精英也提及母性自主、性解放与妇女解放的关系，但毕竟具备妇女解放意识且具有发声能力的女性参与者寥寥，节育救国的一脉于是渐成主流。再看节育措施的实施。以避孕为主要方式的节育措施虽然一定程度上让城市女性更好地进入社会职业，但她们同时也陷入了如何平衡育儿与工作的新困境中。

　　同时，被视为是"女性工作"的生育行为中，包括了节育行为，节育因此也被视为是女性单方面的职责。在随节育运动而推进的节育医学中，避孕药品、器械及手术的实施对象也相应地指向了女性。如一些医生就认为，男性负责"传宗接代"的责任，再婚之后还要生育后嗣，因此要保持男性的生殖机能，将避孕的手术施行于妇女身上。[1] 这一看法的产生，与男性中心的生育文化不无关系，节育医生的这些观念更加巩固了这一文化，避孕进一步成为女性单方面的责任和义务。民国时期一些避孕药品的广告上，对此也有体现。如各种避孕药的广告上就经常宣传妇女为了增进夫妇间的感情、家庭幸福应该主动地承担节育的责任；城市小家庭的新妇女一定要学会现代的科学避孕方法，以此控制子女数量而减轻丈夫的负担，等等。

---

[1] 俞莲实：《民国时期城市生育节制运动的研究——以北京、上海、南京为重点》，2008 年复旦大学中国近现代史博士学位论文，第 347 页。

在"现代""新女性"等带有进步色彩的词汇包装下，传统的女性家庭角色和男性豁免于避孕职责在避孕药物广告中被重新强化，即避孕被划归为女性的责任，由女性独自承担，男性在节育问题上，往往将自己设置为"局外人"，把女性避孕视为天经地义的事情。因此，避孕看起来是妇女的一种权利，但同时又成了妇女的一项义务。在其间起作用的，仍是既有的家庭内部性别角色规范和性关系中不平等的两性地位。节育的医疗化及避孕药物的生产推广，并未把性自由和身体自主权带给妇女，也没有改变两性在节育职责上的不同角色。

生育节制运动所带来的妇女解放，成了近代以来妇女解放现实的又一例证，即妇女活动的空间因救亡图存的危急时刻而打开，但妇女解放的程度也因此而受到限制。女性身体在服从特定政治目标之时得到肯定，但在涉及女性自身利益和性别秩序之时则常常陷入困境。发生在女性身体之上的生育行为更有其特殊意义，因为胎儿在个体生命延续之外，还具有子嗣、人口甚至民族未来等文化与政治意义，生育或者节育都不被视为女性可单方面决定的事项，而要服务于特定时期的政治与经济发展任务。但是，生育的公私二重属性也预示着生育自主具有协调女性与国家之间关系或推进性别平等的潜能，如何挖掘其中的潜能，使其推动现代国家的建设，是民国时期节制生育运动留下的一个尚未解决的问题。

异见中的身体

露丝故事的启示

1

2019 年 5 月，美国亚拉巴马州议会通过了被称为"史上最严"的反堕胎法案，即《人类生命保护法》。该法令规定，无论女性是否未成年，是否遭强暴或乱伦都必须生下小孩，只有在孕妇健康受到胎儿的严重威胁时，才能接受人工流产，违法的医疗人员最重将被处以 99 年徒刑。该法案一出，立刻激起反对声一片，抗议的女性身着《使女的故事》里的猩红色斗篷站在议会大楼外，仿佛在提醒人们，亚拉巴马州这样做，是要将美国推入小说中的国度。

禁止堕胎对女性而言意味着什么？在确立了堕胎自由的罗伊诉韦德案已经过去半个世纪之久的今天，人们或许已失去了对堕胎非法化时代的想象。但是，如果不了解那个时代，就不会真正理解反对者们的担忧和恐惧。美国历史学者索琳歌尔曾撰书一册，展现堕胎非法化时代里堕胎女性的或让人欣慰或令人扼腕的遭遇。不过她的视线并非对准那些陷入堕胎焦虑的女性，而是另辟蹊径，转向一个"隐蔽的角落"，用藏在这个角落里的非法从业者的故事去展现那些堕胎者的处境。

这个非法的特殊职业就是——堕胎师。

在极为普遍、常见的堕胎师那里，可以探查到非常多样的、被主流社会所压抑的、来自女性内心深处的欲求。这些欲求或许卑微，或许不堪，但是却异常真实，不容忽视。而且这本书的主角还不是一位普通的堕胎师，这位被索琳歌尔不吝笔墨大书特书的堕胎师是个传奇人物，在这位传奇堕胎师的故事里，不仅能看到在堕胎非法化的时代里女性为寻求堕胎而付出的血泪和经历的屈辱，还能看到女性与法律、与时代之间的纷纭纠葛——因为堕胎师出生于1895年，于1969年去世，一生刚好跨越从堕胎非法化到合法化的这个历史阶段，其间经历两次大战和经济大萧条等对胎儿持不同态度的重要历史时期，因为堕胎师本身也是一位女性，一位曾经堕过胎的母亲。

2

堕胎师名叫露丝。按书中描述，她本是个其貌不扬的、该和她的姊妹们一样在小地方打发一生的西部拓荒者的女儿，但她却凭借其超凡的天赋和勇于开拓的精神，赢得了精彩而传奇的一生。

她的传奇首先在于她手术无数却鲜有失手。这在抗生素尚未出现的时代几乎是一件难以想象的事情，因为那时就连医院的医生也拿术后败血症没有办法，露丝却凭其高超的技巧做到在1918年到1968年经手的近四万例手术中几乎没有失败的案例。这为她赢得顾客信赖的同时也为她带来了巨额财富。她时常夜夜笙歌，在位于大城市的豪宅中款待名流贵胄官方政要。正是这种过人天赋与长袖善舞，让从事非法营生的她区别于那些被讥为"暗廊屠夫"的同行，早早地在市中心拥有了整整一层楼的营业场地。按照她的要求，那里配备了与医院同步的卫生设施和比医院更有品位、更讲究的家具和更贴心的服务。凭借良好的口碑和无限的客源，露丝过上了豪奢精致风光无两的生活。但她并没因此而改变自己的豪侠本性。她会无偿为那些无力支付手术费的穷人做手术，哪怕对方是倒在墙洞下无人敢帮忙的妓女，她也会即刻前去施以援手。用她的话说就是，"不用哭穷的妇女应当去资助那些哭穷的妇女"。正是这样的仗义与同情心，令她成为一个具有人格魅力的、受人尊重的明星人物。

也许正是因为名声在外，当她执业多年的城市突然有一天发起对堕胎师的抓捕行动时，她不幸成为那个用以吸引舆论关注的焦点人物。这也是她被称为"传奇"的另一个原因：她成了当地历史上第一位被正式抓捕的堕胎师，并在 74 岁那年，还作为俄勒冈州最年长的被判刑妇女住进了监狱。

3

在露丝的故事里，我们首先可以看到的是，堕胎完全是一种无法用禁令去消除的需求。比如家庭为了控制生育，女性试图掌控生育节律或者某些"不名誉"事件里的当事人想要避人耳目，等等，都会产生对堕胎的需求。在政府用法律堵住了职业医生这条通道之后，人们便会去在民间长期存在的堕胎师那里做手术。当然，还会有许多女性以自行堕胎的方式来终止让她们棘手的妊娠。书中记载，在美国堕胎非法化的年代里，每年堕胎数目大约为 100 万宗，而其中仅有 1 万例是按照法律所规定的"基于医学或治疗原因"而受到法律豁免才得以在医院进行的。这于是就带来了一个极为可怕的后果，那就是大量女性的死亡。据官方统计，仅 1930 年就有近 2700名美国女性因非法堕胎而死亡。到 1965 年，因生育而死亡的女性中，仍有 17% 是非法堕胎所致。这笔账，按照索琳歌尔的看法，应该算在堕胎禁令上，而不是算在堕胎师头上。因为堕胎需求是无法遏制的，而禁令的存在又导致堕胎师们难以配备齐全的防止感染的医疗设施，加上抗生素尚未诞生，这就不可避免地会带来致人死亡的后果（事实上，在医院里施术也存在很大风险）。用作者更为直白的话来说就是，正是堕胎禁令导致了如此多的女性的死亡。

露丝的故事也告诉了世人，当禁令与现实需求严重背离的时候，现实中便会自生一套逻辑让违禁之事照常进行。比如堕胎师在堕胎非法化时代之所以大量存在，一方面是因为很多人都认为堕胎有其存在的必要性和合理性，警察于是长期奉行不出事就不抓捕的原则，睁一只眼闭一只眼，就连宗教人士也对此保持着适度的沉默；另一方面则是非法职业会催生利益空间，警方可以从堕胎师那里收受好处，包括基于保护行业利益而推动禁止令的医生群体中，也有一些人通过转介需要堕胎的人到堕胎师那里获取好处。正是因为有诸多现实的因素存在，只要堕胎师、警察、医生以及官方之间达成一种利益平衡，堕胎就可以顶着"非法"的名义继续存在。

不过这并不意味着优秀如露丝的堕胎师们可以高枕无忧，更不意味着女性拥有了堕胎的自由。因为禁令的存在为权力机构提供了一个弹性的执法空间，堕胎师的营业和堕胎的实现事实上处于不确定的状态。完全可能在出现某种特殊形势比如当严格执法会带来更多利益的时候，司法程序便会重新启动，堕胎师被抓捕，需要堕胎的女性面临来自社会各方的重压。例如在 1950 年，美国社会出现了

异见中的身体

反共潮流、强烈的民族自觉以及要求清理犯罪的一种歇斯底里的状态，与此同时，国家也在一直鼓励妇女回家生儿育女，政客们于是会选择迎合这股潮流来给自己牟取好处，比如露丝所在的波特兰市的市长为谋求连任，便在开展竞选宣传的过程中，许诺净化社会环境，其中就包括了对堕胎师实施抓捕。而这是该市在默许堕胎行为长达 65 年之久后的首次抓捕行动。

4

当然不仅仅是抓捕堕胎师。

堕胎虽然是由来已久的被社会所默许的一种生育控制方式，但是随着医学和现代权利观念的发展，有关胎儿人权与女性自主权的观念也逐渐被构建起来，并由此形成了医学及诸多传统观念与女性自主之间的深刻张力。就像历史所显示的那样，在 18 世纪和 19 世纪上半叶，都是胎动主义统治着北美英属殖民地和后来的美利坚合众国的堕胎法，即胎动之前堕胎为不受起诉之过失。胎动主义事实上赋予了女性在堕胎问题上的决定权。但是这一决定权随着生育的医疗化而慢慢受到职业医生的挑战。在 19 世纪中后期，职业医生团体为了打击堕胎的竞争对手（非医生的堕胎人员）开始推动美国的堕胎禁止法，堕胎禁令一旦制定，便意味着一部分的堕胎决定权从妇女那里转移到了医生手中。在此过程中，尽管总有为妇女生命安全计一类的理由在支持医生的主张，但是在法律出台之后，这些医生团体就转而去推动控制生育而非在完善医疗保障上继续努力。而且他们设置出来的诸如专门委员会鉴定一类的术前程序（以及堕胎就必须绝育的附随条件），也会迫使女性转而选择更便捷的非法堕胎。

由于堕胎使得性与生育分离，女性于是不必为性所可能带来的生育后果所束缚，这就意味着女性也获得了不必以孩子和婚姻为目的的有限的性自由。这就极大地挑战了那种以女性的生理特征为依据建立起来的母性观和女性应服务于生育和婚姻的天职论，而这些观念也在作为"权力"的医学专业知识的支持下形成了一种性别意识形态，为堕胎设置了阻碍。比如有精神病医生指出，那些企图终止妊娠的女性都是在侵犯其配偶的权利，她们是利用堕胎来阉割其丈夫；比如，女性堕胎就是对其生物学上的神圣职责进行破坏，是一种神经病症状。

于是，抓捕堕胎师的过程也成了反对力量重申对女性的权力的过程。但是，这些力量可以怎样来重申对女性的权力呢？毕竟法律所制裁的只是堕胎师。我们在书中看到，它们是借助罚款或判刑之外的其他方式来施展其权力并令女性为其堕胎行为付出代价，如滥用侦讯手段，非人道的取证方式，丑化女性形象的报道，无视女性尊严的审理方式等等。

如在抓捕堕胎师的过程中，警察本可以迅速执行完任务，但他们却不必要地延长对诊所的监视时长，带着非正当的目的窥视诊所内发生的一切；与警方的行动相配合的，是为了吸引眼球刺激销量而不择手段的媒体。他们冲进诊所，拍下那里的女性惊慌的样子并且诉诸报端，让堕胎巢穴、豪华营业室和赤裸裸的姑娘充斥头版。在这样的充满窥淫欲的报道中，那些前去堕胎的女性会与性乱、糜烂的生活、道德败坏和堕落联系在一起。比如在有篇报道里，在露丝诊所里的女性被描述为"孤立无援、赤裸裸、颤抖，像妓女一样，反抗、逃跑、充满性意味，自作自受，不是受害者"。在对堕胎命案

异见中的身体

的报道中，则传递出如下的信息：非婚恋情、丧失母性的女人将遭到死亡的惩罚和曝光的羞辱。当进入到调查程序之后，男性官员会对堕胎女性的性生活进行充满羞辱的讯问。而为了获取堕胎师的信息，警方会采取一些极不人道的取证方式，比如伊利诺伊州的警察会逼迫那些因手术失败而送到职业医生处的濒死女性，要其供出堕胎师和情人的名字，是为所谓的具有证据效力的"临终述言"。在法庭上，那些堕胎的姑娘会被迫在众人面前复述与性有关的细节、指证帮过她的堕胎师，即使是遭到强奸伤害的女性也不例外。对于女性而言，不需要其他的惩罚，这种调查程序本身就是一种惩罚，是她们一生中经历的最大的羞辱。

可以说，堕胎案件给医生们、律师们、法官们、警察们、陪审团成员们（通常都是男性）提供了一个机会，让他们可以聚集一堂，面向公众确认：他们拥有对妇女的身体的权力、定义妇女的权力以及强调妇女的弱点。通过对权力的重申，一个指令再度被传递给所有女性，那就是，女人，不要妄图挑战妇道与母性，否则将会有可怕的结局在等待着你。

以上，只是在禁止堕胎的时期对女性提出的要求，还需要看到，在经济大萧条时期，对堕胎师的抓捕力度又有不同，因为社会无力承担更多的新生人口，堕胎就被视为那些怀孕女性的应有选择，而且，这些怀孕的女性还同样会遭到笨拙、放荡一类的斥责。于是这套针对女性的权力话语就变得更为完整了，那就是，女性的身体不属于她自己，而是应该随国家的需要而变更它的用途，她的职责就是保护好那个可以用来生育的器皿。

对男女实施双重标准则从侧面证明了这一规训是针对女性而来的。例如，性、怀孕都与男性有关，有些还与强奸有关，但在整个调查和审理程序中却很少看到男性的身影。即便是强奸导致的怀孕，也是女性承受着指责与质疑，而那个强奸犯则置身其外。在经济萧条时期，假如女性不慎怀孕了，也是女性在承担着来自她们丈夫的抱怨和周围的冷眼，被认为没有尽好避孕的责任。在伊利诺伊州的"堕胎致死案"中，虽然也有情人受到处罚的情况，但那只是为了让男子承担婚姻和养育职责，并不是因为男子存在性道德上的污点。

在1951年波特兰市的那场抓捕行动中，露丝与其男同行也受到了不同对待。在报道中，她被描述为一个"伶牙利爪的、贪得无厌的、有男子气概的女叛逆"。"她的优雅变成了厚颜无耻耽于声色，高超医术变为了掠夺妇女身体的邪恶欲望。"但是她的男同行的诊所却并未被曝光。她也是大搜捕中第一个真正入狱的堕胎师，而很多男堕胎师根本没有服刑。这显然并不只是与露丝名气响亮、可以"杀鸡儆猴"有关，还与她是一位女性、一位胆敢从事非法行业的、不守规矩的女性有关。换句话说，只要堕胎师是位男性，就能给其生意以及前来就诊的患者以合法的外衣，而女性则可能另当别论。

5

行文至此，此书的价值才真正显现出来。它并非如译者后记中所说的那样，仅仅在谈论法律应当在功利操作和价值追求之间如何取舍的问题，而是在将性别这一长期被忽视的视角带入到对法律问题的思考中来。对性别之间权力关系缺乏审思的法律，有可能成为规训女性的助手，而非保护女性的帮手。就像露丝案所显示的那样，从抓捕、侦讯到审判的这个过程，都回避了对"怀孕是如何发生的?"这一涉及性与生育领域中的性别权力关系问题的追问，将原本

异见中的身体

与男性有关的堕胎议题转换成了一个女性的性道德问题或人格缺陷问题，让女性单方面承受道德法庭的贬斥与羞辱。这显然是对女性极为不公且极其荒诞的。

对索琳歌尔这项工作的重要性无论怎样强调都不过分。因为对堕胎议题的讨论常常是以所谓的纯法律问题或抽象的道德伦理问题的面目出现，而该议题中内含的女性权利和性别平等的问题却被遮蔽了。与索琳歌尔这项工作遥相呼应的，是那些对女性处境有着深切体察的法学家们。他们也敏锐地意识到，当人们通过诉讼途径去推翻禁令、争取堕胎自由的时候，看重的不应只是最终的结果，还有那个将堕胎作为女性的宪法权利确认下来的理据。因为将堕胎自由视为是性别平等的应有之义还是其他什么别的权利，将会带来不同的堕胎政策，也会对女性权利的实现造成不同影响。而在这个论述过程中，如何理解和处置那个所谓的"私领域"就成了一个微妙且重要的关键点。

露丝去世后的第四年，也就是 1973 年，著名的罗伊诉韦德案的审理结果出来了。最高法院以七比二的多数意见裁定，德州刑法禁止堕胎的规定过于宽泛地限制了妇女的选择权，侵犯了第十四修正案的正当程序条款所保护的个人自由。在布莱克门大法官出具的多数意见中有这样的表述："个人具有宪法保护的隐私权"，"隐私权的广泛性足以涵盖妇女自行决定是否终止妊娠的权利"。因此，该案确立了美国女性终止妊娠的宪法权利。说起来，这应当是让美国女性欣欣雀跃的一个决定，但它其实立刻遭到了包括女性主义法学家在内的诸多法律人士的激烈批评，因为他们马上就意识到，在一个性别不平等的社会里，将堕胎视为隐私会带来怎样的后果。后来成为美国联邦最高法院历史上的第二位女性大法官的金斯伯格认为，堕胎权与美国女性已经取得的其他女性权利密不可分。女性必须要能控制生育，才能获得法律和社会上的平等。因此，宪法第十四修正案的平等条款才是保护堕胎权的正当理由，而不是什么没有法律根据的隐私权。她还指出，有权不受限制地作出堕胎决定是实现女性平等的核心要义。"告诉女性要做什么，就是对平等的根本侵害"。

　　如果说，"隐私"一词在金斯伯格那里是被视为囚禁女性的"牢笼"，那么在麦金农那里就是被视为一个"陷阱"。麦金农说，将堕胎自由视为隐私权，就等于是认为女性在生育和性这些私领域中都已经能自由地作出决定，但这是完全不符合事实的。她认为，在所谓的私领域中，妇女通常都是很不自由的。男人在性事上经常会强迫女性服从，而这种私领域中的性宰制，不仅反映出女性在公共社群中政治经济地位的附属性，也有助于维持这种情况的延续。所以，将堕胎自由视为隐私权会带来两个危险，一是政府在法律上无权过问"卧室房门关上后"发生的事情，比如女性遭到的强暴与殴打，二是政府没有责任资助贫穷妇女堕胎。这就使得原本就资源匮乏的底层女性因无力支付堕胎费用而陷入"生育—贫困"恶性循环的境地（毕竟不是所有的底层女性都能有幸遇到露丝）。所以，堕胎不是隐私权这样一种可轻松支付手术费的特定阶层女性的特权，而是一项所有女性都可以平等享有的权利，政府应当在妇女福利方面投入更多的公共经费来确保这项权利的实现，否则，堕胎自由会进一步加剧性别不平等而不是相反。曾一度支持罗伊案判决的宪法思想家劳伦斯·却伯教授后来也改变了观点，他认为妇女的堕胎自由不是隐私权，而是不受多数意志剥夺的、个人支配身体和生育能力的"自主"。在男人具有经济上主导性和性行为主动性的社会里，法律强迫妇女忍受怀孕、分娩和养育子女的痛苦、焦虑，一方面是对

异见中的身体

妇女实行强制性劳役而违反宪法第十三修正案，另一方面是歧视妇女而违反宪法第十四修正案的"平等保护"条款。

露丝不是法学家，不是自觉的女性主义者，她也不是一个完美的圣人，在她的职业生涯里，也有着让她耻于谈及的错误决策。但她无疑是那个离女性的身体和精神世界的隐秘之处最近的女人之一，她能与那些躺在她手术台上的女人们心意相通荣辱与共。作为一名曾经堕过胎的母亲，她也深知"怀孕和做母亲，有时是好事，有时不是"，她相信，女性对她们所处的那个与性、与情感、与抚育责任息息相关的"私领域"的状况，有着精细而准确的感知。她们很清楚在怎样的时机和境遇中生育才是负责任的，她们不需要其他人为她们作出什么心理健康证明。事实上，露丝也不是所有的手术都做，对于那些适合继续妊娠，只是暂时陷入了经济上的窘境的女性，她会鼓励她们生下孩子并给予物质上的援助。在那个时刻，闪耀着的只有女性之间相互扶助的人性光辉，而非自视正义的法律的虚幻光环。

（《妇女对法律的反抗：美国"罗伊"案判决前堕胎法的理论与实践》，[美] 瑞科雅·索琳歌尔著，徐平译，广西师范大学出版社2003年版）

本文原载《读书》2021 年第 8 期

麦金农的敌人是谁？

1

　　1983年，美国印第安纳州的印第安纳波利斯市颁布了一项反色情文艺的法令，该项法令禁止了所有色情文艺的"制作、出售、展览或发行"。20世纪80年代初，正是美国政治新右派冒头的时期，新上台的总统是共和党的里根，色情文艺禁令与当时的政治风向显出合流之势，让美国的各界自由派人士忧心忡忡。美国民众自然也有觉悟，纷纷以保卫宪法为名掀起反对的声浪，最后的结果是，联邦地区法院判定该法令违宪，因为它侵犯了美国宪法第一修正案，剥夺了公民发表言论的这一消极自由。联邦上诉法院第七巡回法院认可地区法院的判决，并且，联邦最高法院拒绝重审这一裁决。此事虽已消停，但反色情运动的学术资源提供者、杰出的女性法学家凯瑟琳·麦金农却背负起了反性、反言论自由的恶名，无论是自由主义哲学王德沃金还是保守派大法官波斯纳，抑或是同为女性主义阵营的女权思想家，都纷纷向她发起批评。

　　对于来自各方的或理性克制或刻薄恶毒的批评，麦金农大多数

异见中的身体

时候并不理会，但这并不意味着她完全没脾气。在某些重要的公开场合——比如在多年后的耶鲁法学院校友日的发言中，她抓住机会扔出一句印地语老话"小头一硬，大头着粪"，把那些批评她的男性知识精英狠狠调侃了一把。对于那些担心她倒向右翼保守势力的人，她则用安慰的语气说：我很清楚自己在与谁同床。因为右翼所使用的不过是陈旧的道德逻辑，而她知道自己并非是在附和这些道德逻辑，"这种指控只是那些淫秽品制作人拿来吓唬自由派的，不值一提"。面对误解，她处之泰然。

众人皆将麦金农视为靶子，她却并未将他们视为自己真正的敌人。那么，她以笔为剑，用力刺向的对手是谁？谁，才是她真正的敌人？

2

让我们先回顾一下发生过的那些论争和针对她的批评。第一位出场的，是在当今世界极具影响力的法哲学家罗纳德·德沃金。德沃金极有辩论风度，他在《自由的法：对美国宪法的道德解读》一书里专辟两章来展现他与麦金农围绕色情文艺的那场笔战。在这两章里，我们可以看到一场教科书级别的学术辩论赛，双方立场坚定且文风个性鲜明，他们同在美国宪法的框架下，深入讨论自由与平等的关系，消极自由与积极自由的冲突以及消极自由内在的冲突，将对作为公民自由保护神的美国宪法第一修正案的理解和对以赛亚·柏林提出的两种自由概念的认识一步步推向深入。

麦金农认为，色情文艺导致女人无法就其受到暴力的处境发声，男人的言论自由压制了女人的言论自由，消极自由内部存在冲突，另外，女人应当和男人在言论自由上是平等的，那么，主张言论自由（即保护色情文艺）的宪法第一修正案与旨在提供平等保护的宪法第十四修正案之间也存在冲突，所以应从保护女性受到平等对待的角度出发，取消色情文艺作为言论的资格。德沃金的回应是，言论自由仅仅就是以赛亚·伯林意义上的，排斥外在的人为障碍的基础上去做什么的消极自由，它并不包含着还要求他人能足够领会并尊重某人真实意见的权利，也就是说，色情文艺不需要为是否造成了对某些群体（比如女性群体）的声音的抑制而负责，正如嘲笑某些愚昧学说可能会限制这些观点的传播和阻碍人们对这些观点产生兴趣，但嘲笑依然是言论自由，是人们表达意见的权利。对于麦金农构设的宪法第一修正案与第十四修正案之间的冲突，德沃金则不以为然，他认为第一修正案对平等做出了极大的贡献，因为第一修正案是保护所有人的言论自由，这就是一种平等即"形式平等（机会均等）"的体现，所以，第一修正案中的自由权并非平等的敌人，而是平等这枚硬币的另一面。至于麦金农所要求的女性与男性在言论自由权上的实质平等，在德沃金看来，是存在走向专制的风险的，他不能接受。

保守派大法官理查德·波斯纳对麦金农的意见主要集中在她的色情文艺会导致性暴力增加、会影响女性地位的观点上。德沃金也曾就这一观点进行了反驳，其理由和认识论与波斯纳也颇为相似。波斯纳相信经验研究的结果，他引用不同地区、不同时段的统计学上的证据来驳斥麦金农的观点，因为，这些证据都不能证明色情文艺会影响强奸发生率。针对色情文艺影响女性地位一说，他举出丹麦和瑞典作为反例。在他看来，丹麦和瑞典都是女性解放和女性政治权力的要塞，足见色情文艺的存在并不必然影响女性的地位。波

异见中的身体

斯纳还半带嘲讽地说，真不理解麦金农这样的女权主义者为什么会主张禁止色情文艺，色情文艺难道不正是体现了性自由、性解放这些女权主义所应该认同的价值吗——须知，性道德保守人士也是对色情文艺持激烈反对态度的，他们的反对理由正是色情会促成性自由及其伴随者即现代的解放了的女性。反对色情文艺的女权主义者事实上是在附和性道德保守派，是在与后者同流合污，这种有着内在矛盾的行动逻辑在波斯纳看来也是颇令人费解的。

在麦金农与德沃金、波斯纳表面的观点之争背后，其实是长期存在的自由主义与激进女权主义之争。德沃金认为第一修正案并不与平等相悖，因为它为所有人提供了平等的表达言论的机会，而这一认识正是麦金农认为的自由主义的一大局限所在，即无视事实上普遍存在的性别不平等，只谈抽象的平等。在抽象平等的概念中，女性被默认为是与男性一样的个体，在此基础上，再在法律上规定二者的平等地位，女性似乎就自然能实现与男性的平等。麦金农说，自由主义的理论进路的问题就是，在面对问题时，拿起了"让我们假设"的方法论，就好像是说，我们可以到达我们要去的地方，只要我们假装我们已经到了那儿，并且据此制定规则。

至于德沃金和波斯纳用实证资料反驳麦金农观点的做法，也是麦金农所认为的自由主义的另一个局限，即经验主义的认识论。麦金农并不相信通过这种以科学性和客观性自居的认识论可以发现女性的真实。在她看来，所谓的客观性在表面上是以不介入的姿态，保持距离和没有任何特殊视角地去观察事物，但是事实上我们不可能站在真空中、无立场地观察和思考问题。男性的视角或观念已经深嵌于社会现实之中以至于它本身的特殊性是不可见的。正是这种男性特权的不可见，为性别不平等提供了完美的保护。而所谓的观察中的科学性，本身存在着一种非常男权中心的观念，科学因此也是实现宰制的核心工具之一。

那么，什么才是女性的真实？除了女性的普遍无权，麦金农对此并没过多的说法，而男性，她认为，他们拥有依照他们的欲望图景去创造世界的权力。以色情文艺为例，通过将女性作为性奴役和性虐待的对象来表现，色情文艺已成功地构建了女性被统治和屈从的形象，它的危害在于女性也会认为自己就该如此并以此作为理解自我的一部分。对她这一观点的形成具有重要影响的人中，有一位是米利特，她撰写的女性主义文学批评论著《性政治》在20世纪70年代的女权运动中流传甚广。米利特在书中指出，男性作家描写性行为是强权和支配观念的反应。在她看来，作为文学表征的女性形象和作为社会现实的女性之间是有联系的。米利特是以强权和支配观念在当代文学中描写性行为时所发挥的作用来论证性问题中的政治内涵。可以说，这一方法论后来被麦金农直接移植到了有关色情文艺的论述中，即色情文艺里的被权力操纵的女性形象会影响到社会现实中的女性，因此，我们眼前所见的，并非女性的真实，而是权力话语所建构起来的女性的形象和所谓的有关女性的真实。

从经验主义的认识论来看，米利特和麦金农的方法显然过于"主观"，但从米利特和麦金农的立场来看，罔顾弥散在现象世界的权力因素将经验主义的认识论视为获取真实的唯一方法才是真正有问题的。这种与精神分析更相关的深入社会潜意识层面进行分析的方法在很大程度上揭示了经验主义的方法所发现不了的真实。女性主义电影研究者劳拉·穆尔维关于电影的研究，也佐证了麦金农的有关色情文艺会影响到男性之于女性的看法的观点。穆尔维指出，摄像机一般都是由男性导演控制着的，这就使男性成为观看行为的

异见中的身体

主动发出者，女性成为这种观看行为的被动接受者和对象。当观众接受了男性导演的镜头的时候，他也就接受了男性的观看角度和立场。观众于是从男性窥淫癖的角度和电影"缝合"在一起，这样，电影的观众与压迫女性的性别系统达成了某种共谋。

如此说来，德沃金和波斯纳应当算是麦金农的敌人了。因为自由主义常被视为是父权或是男权的，当代许多女权主义者表明自己极为反对自由主义，也与麦金农的影响不无关系。麦金农还一度强调女权主义应当是一种独立的新理论。但是我们看到，尽管麦金农挑战了形成自由主义的认识论假设，也对抽象平等提出了批评，但她使用的基本概念如自由、平等，仍是脱生于自由主义的，女权主义更像是对自由主义的完善，而不是对自由主义原则的否定。也许，将麦金农的工作视为自由主义内部对话的一部分，比将其视为与自由主义进行的对抗，要更为准确一些。

3

那么，来自女权主义阵营内部的那些批评者，她们是不是麦金农的敌人？以人类学家盖尔·鲁宾为例，她和麦金农一样，也是致力于为各种受压迫者寻找抵抗压迫和获得解放的方案。但在色情文艺的问题上，她有着与麦金农不同的看法。

鲁宾和麦金农的分歧集中在如何处置性这一范畴上。是将性与社会性别联系起来，作为女权主义理论的核心概念，还是应当将性独立出来，单独进行性与权力关系的论述？在麦金农那里，性和社会性别是关联紧密的两个核心概念，二者相互影响。她认为，"性的意思不是仅仅（乃至不是主要）由言词和文本决定的，它是由世界上的社会权力关系决定的，通过这种过程也产生了社会性别"。"性本身就是两性不平等的动力……性别差异是性别统治的一个功能，一种依据社会性别而进行的关于社会权力分配的性理论，该理论中这种性实质上就是使性别分工成其所是的性，这种性是男性支配的……"

从这些表述可以看到，麦金农认为，女性这个性别就是被性化的。"女性的意思是女性特质，这意味着对男子的吸引力，也即性的吸引力，即男子意义上的性的可用性。"女人的被性化，不只是体现在话语层面，还体现在现实层面，各种公共领域或工作场合，都无一例外对女性外貌提出要求，也就是对女人"性"的要求，或者说，是一种"性化"女人的要求。

这种性的性别等级化以及性别等级的性化，可以视为麦金农对父权社会权力关系的一个简洁的概括。所以，色情文艺自然而然地成了她集中火力进行抨击的对象。因为，在色情文艺中，女性似乎将被强奸视为一种乐趣／情趣，她们愿意这样，因为她们就是被动的，但同时又是会做出反应的。麦金农指出，"女性的被假设的、对性加以拒绝的权力，其实是她缺乏实际的权力以阻止性的发生"。

鲁宾起初也是和麦金农持相似的看法，但在看到反色情运动愈演愈烈并似乎有与右翼合流之嫌时，她感到了不安，她甚至还用到了"法西斯主义""boring"这些词语来表达她对这场运动的厌恶与痛恨。为了表明和麦金农的不同看法，鲁宾在《关于性的思考》一文中重新阐释了和她的成名作《女人交易》不同的对于性与社会性别关系的认识。她认为，女权主义的概念工具是为了发现和分析以性别为基础的等级制，在性别与性分层重叠的方面，这样的女权主义理论具有一定的解释力，但是女权主义是关于性别压迫的理论不

异见中的身体

等于也是性压迫的理论，性与社会性别应该分开来论述。

要注意的是，麦金农所说的压迫，是性领域中存在的性别压迫，在鲁宾这里，性与性别无关，性是一个独立的范畴，但是性本身存在着分层，她所说的压迫，是基于"性分层"的压迫。所谓性分层，简单地说，就是权力出于规训的需要而建立起符合其价值目标的性规则，并将多样的性实践按照合规与否划分为不同等级，如好的和坏的，正统的和非正统的，正常的和非正常的，道德的和非道德的……各种区分。高等的性也即正统的、正常的性，总是在试图压迫低等的性。鲁宾就是要为这些所谓低等的、不符合主流文化的性发声，宣称其合法，自由，让它成为每个人的受法律保护的权利。从这个角度来看，性就脱离了社会性别，只存在性的等级，不涉及性别等级。反色情文艺，在鲁宾看来，极大地妨碍了性的多元、独立和自主，并有可能和右翼道德保守势力一起，推波助澜，加重对性的压迫。尤其是在 1980 年共和党人里根上台之后，同性恋、性工作、色情媒体和其他已被污名的性实践的现实和法律处境日趋恶化，她认为自己必须站出来，制止这股反色情运动的潮流。

麦金农与鲁宾，一个引导着反色情运动，一个反对"反色情运动"，二人应是水火不容才对。但是细究理路的话，我们并不能得出她们是完全对立的这一结论。她们都是为权力的弱势一方争取权利，麦金农看到的是性别压迫的弱势一方，如女性还有儿童，鲁宾是集中于性压迫中的弱势一方，即性少数群体。麦金农是让更多不可见的受害者得到浮现，鲁宾则是为愉悦张目，为人们从权力之手中争取属于他们的性自由。更有必要指出的是，鲁宾和麦金农还有很多的共同点，比如都深受马克思主义的影响并对马克思主义在解释与阶层无涉的性别压迫问题上的不足进行了反思，比如都认识到了性与权力之间存在复杂的关联，都对等级制容忍无能，并都以性的问题作为论证的核心环节，展望"平等"这个共同的乌托邦。与其说她们是敌人，不如说是在一些基本问题上有共识的、在不同战线上并肩作战的战友。

而且，在实践中我们也能看出，一味地强调性的突围，并不见得能实现平等这一目标。因为能够更多地享有性的，可能是居于更高社会阶层的人，另外，假如是以性愉悦来抵御资本主义，效果也非常有限。事实上，资本会迅速地对性愉悦做出反应，制造出更多的色情文艺并在国家法律的保护下进一步扩张势力范围，性的商品化和人的物化未见减弱，资本巨鳄的力量则更加雄厚。

4

那么，麦金农真正的敌人是谁？

在集中反映了麦金农理论雄心的《迈向女性主义的国家理论》一书的序言里，有这样一段话："认识论和政治论是同一个不平等的硬币之互相作用的两面，一旦国家被看到以法律推行其认识论的方式参与了男性统治的性别政治时，一种既是社会的也是分立的、既是概念的也是应用性的国家理论就变成是可能的，一个真正意义上的，通过分析法律上的静态权力和把国家权力的本性认定为男性，使这项研究走向了独立的女权主义。"笔者以为，这段话可以视为开启麦金农理论大门的那把钥匙，在这扇大门打开之后，她真正视之为敌人的那个庞然大物也就显现出来了。

在对于女性的认识上，如麦金农与德沃金、波斯纳的论战中所显示的，她认为，是不存在关于女性的真实的。而女性的处境和正式的政治理论有关，二者展现的正是知识与权力的关系，所以，女性需要不断用她的经历去弥补认识论层面的空缺，对政治理论做出一份独特的贡献。在麦金农看来，女权主义不是什么通过数据的方式获得的新视角，而是提供一种重新思考何谓"认知"的新方式，在这种新的认知中，女性是具体的，不是一个统一的、均质的单位。

从认识论到政治论，这里面有个中间环节，就是如何认识国家的角色，麦金农是将国家视为男性权力的全权代表，将法律视为推行国家／男性对于女性的认识方式的工具。重构法律，就是在认识论层面重构对女性的认知，并借此达到在政治论层面的对既有国家理论的颠覆。在这里，重构工作必然涉及构建了性认知的法律，既有的法律是如何认识女性的，重构工作便是对它的纠正。例如，在美国的法律中，强奸曾经被定义为"未经妇女同意，强迫与之发生性关系"。在麦金农看来，"未经妇女同意"的说法简直多余，好像这意味着女性存在同意的可能一样。纠正之后，强奸罪认定只需考虑该行为是否"违背了妇女的意志"。同理，当色情文艺得到法律许可，就是形成了女性是性虐待和性奴役对象的法律认知，因此需要反对将这类色情文艺视为言论自由纳入宪法保护。而这一切的工作都指向国家理论的重构，即建立起一个融入了女性经验在内的新的国家理论。

那么我们现在可以回答了，麦金农的目标是建立一个真正性别平等的世界，她的敌人是这个恒久、稳固的父权国家以及与其暗通款曲的跨国资本，在今天，它们还与网络、与高科技联系起来，让色情文艺更为发展壮大无远弗届。如此看来，麦金农仿佛明知不可为而为之的西西弗斯，不断地试图撬动父权国家这座权力大厦的根基。只是她比西西弗斯要幸运一些，看到了法律因她的努力而发生的些微改变。正如将其视为"当今美国最为知名的十位法学家"之一的哈克尼所说的那样，麦金农可谓单枪匹马，重新调整了法学界在观察有关女性之议题时的视角。

（《迈向女性主义的国家理论》，[美] 凯瑟琳·A.麦金农著，曲广娣译，中国政法大学出版社 2007 年版）

本文原载《读书》2020 年第 1 期

异见中的身体

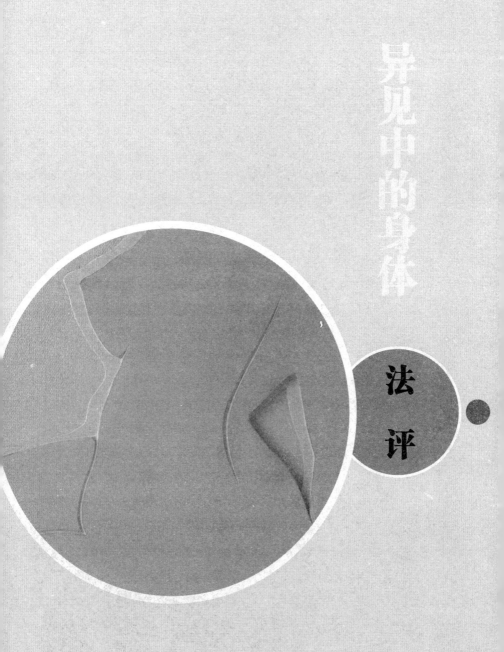

异见中的身体

法评

超越"传统—现代"：
清末民国堕胎犯罪化问题之再探

一、问题的提出

清末修律是以修法的方式开启现代中国的建设事业，其影响之深远，已得到历史的印证。其中，《大清刑律》的修改更是"牵动朝野、激动人心"（梁治平语），体现了改革者急迫的求变之心。这一效仿西法的修法行为在当时引发了激烈的"礼法之争"，也给后世学者留下了许多值得思考的问题，其中之一，便是堕胎入罪。这是一项值得注意的突破性的修法举措——尤其是女性自行实施的堕胎，经此法律的规定，也被视为犯罪。① 经修订后公布的《大清新刑律》因清王朝的覆灭而未及实施，但其事实上构成了之后民国时期有关堕

---

① 此处的"堕胎入罪"，是指参照西法，以刑法之方式惩治堕胎行为。相关条文集中在《大清刑律草案》的第 27 章。该章各条具体规定了怀孕妇女自行采取手段堕胎、受妇女嘱托、承诺堕胎，以暴行、胁迫、伪计使妇女堕胎和医师等从事专门业务的人员致妇女堕胎的刑事责任，有期徒刑、拘留、罚金、褫夺公权等处罚皆得适用。其中，第 317 条规定：凡怀胎妇女服药或用其他方法致堕胎者处五等有期徒刑、拘留或一百元以下罚金。该条文事实上结束了自唐以来（元除外）女性堕胎不为罪的历史。

胎的刑事立法的来源。民国时期，此类法律的实施效果并不理想。至于为何效果不彰，一些研究者多以"文化冲突论"来解释，[①] 即法律背后的西方价值观与我国的民情风俗相违背，或者，堕胎罪（包括无夫奸应否定罪）的规定"皆因一意模仿外国，而对中国社会现象及其后面的文化、心理等因素视而不见，招致诸多批评。"[②] 堕胎入罪这一法律移植行为的最终失败，皆源于立法者"照搬西方""无视自身文化"。此种归因实则预设了堕胎一事上中西方价值观的对立性，并将西方国家的堕胎犯罪化视为社会抵触较小的成功之举，所适用的，是法律移植研究中常见的、与"中—西"相对应的"传统—现代"二分的分析框架。清末修律中的堕胎入罪问题也进而转换为了中国法律现代化过程中如何处理中西方价值观差异的问题。

《大清新刑律》中将女性自行堕胎行为予以犯罪化是学自西法（日本法）无疑，吸收此款的民国时期刑法效果不彰也是不争的事实。然而效果不彰的原因是否仅仅就是如上述研究所示，是中国社会传统观念与现代西方立法理念间存在不可调和的矛盾？仅以美国堕胎犯罪化为例——美国自20世纪初开启了将女性自行堕胎行为予以犯罪化的进程，但各州的这类法律自订立之日起便面临着无法得到有效执行的问题。及至今日，美国社会围绕堕胎法的争论仍绵延不绝，引发社会撕裂。另外，在将堕胎一法在民国时期的效果不彰归因为是中国社会传统观念中缺乏西方用以支持犯罪化的"胎儿亦

---

① 见唐华彰：《罪与非罪：堕胎在20世纪的中国》，载《江汉论坛》2011年第9期；龙伟：《堕胎非法：民国时期的堕胎罪及其司法实践》，载《近代史研究》2012年第1期。

② 梁治平：《礼教与法律：法律移植时代的文化冲突》，广西师范大学出版社2015年版，第42页。

异见中的身体

人"的"人权观"时，也需注意到，中国社会中历来也存在着"厌杀"传统以及将堕胎视为"戾人道"、败坏社会道德与风气之行为的观念。这些观念虽无"胎儿人权"之名，却也有维护胎儿生命之实。即便由于宗教力量使然，"胎儿人权"观在西方社会拥有"戾人道"在中国社会所不具有的社会影响，但是事实上，"胎儿人权"说在西方宗教观念和社会意识中也并非自始有之、毫无争议。因此，有关清末民国时期堕胎条款失效的原因，应当还另有分析路径。

二、历史上不同国家法律对待女性堕胎之态度

迄今所发现的刻于石柱或泥板上的最古老的典籍中，都有关于堕胎的记载。例如，作为巴比伦法基础的《汉谟拉比法典》和西亚的《亚述判例汇编》中都有相关规定。[①]《汉谟拉比法典》中提及堕胎之处，是为强调等级制与报应刑（罚金的数额与这位妇女的社会地位成正比），堕胎只是作为量刑时需考虑的情节而具有意义。《亚述判例汇编》中的相关规定里，一部分也是为了彰显原始的报应论，

_____

① 《汉谟拉比法典》第 209 条规定，倘自由民殴打自由民之女，以致此女堕胎，则彼因使人堕胎，应赔银十舍客勒。第 211 条规定，倘彼殴打穆什钦努之女，以致此女堕胎，则彼应赔银五舍客勒。《亚述法典》第 50 条规定，[如果甲] 殴打了乙 [之妻] 并使其流产，则应以 [这样做法] 对待使乙妻流产的某甲之妻；他应当像抵偿生命一样来抵偿胎儿。如果此妇女死亡，则应杀甲，他应当像抵偿生命一样来抵偿胎儿。如果这一妇女的丈夫没有儿子，而他殴打了她，她流产，则应杀殴打者，抵偿她的胎儿。如果是女胎，他还是应当像抵偿生命一样来抵偿……第 53 条，如果某妇女自己堕胎，有人以誓言揭发她，并证明她有罪，则应将她钉在柱子上，并不应掩埋。若她在流产时死去，亦应将她钉在柱上，也不应掩埋。参见《亚述法典》，涂厚善、刘家和、陈有锦合译，曹麟、崔连仲、涂厚善合校，载《东北师范大学科学集刊》1957 年第 6 期，第 33—35 页。

另一部分则是表示对女性私自堕胎的禁止。有研究者认为，如此规定所针对的，并不是这种行为本身，即并非是堕胎行为不可为，胎儿不可以放弃，而是妇女行为的"自主性"，因为这对夫权造成了危害。[1] 在古希腊和古罗马，一种说法是，丈夫掌握着子女的生杀大权，如果城邦不担心人口过剩，不要求他牺牲孩子，他就可以让他们出生。在这种情形下，家长同意实施的堕胎，就既不是重罪，也不是轻罪，而是和避孕行为一样，不会受到任何追究。[2] 与之相关的另一种说法是，在古希腊罗马的法律中，胎儿具有母体外存活性（viability）之前，妇女进行堕胎是合法的。立足于市民生活的普通法也一直认可妇女这一天然权利，即胎动决定权。在胎动之前堕胎不属于可诉罪错，胎动前，婴儿隶属于母亲的肉体，不享有独立的、与母亲权利相抗衡的地位。而胎动与否则全然取决于母亲主体的感受。因此，直到 19 世纪中叶前，堕胎在西方法律传统中并不被认为是一个问题。无论是道德还是法律，对此都相当宽容。[3]

中国汉代已有堕胎之法。[4] 在法制层面，自唐以来的律法中，就有涉及堕胎的相关规定。[5] 宋代基本上沿袭了唐代的规定，所增加的

---

① [法] 让-伊夫·勒纳乌尔、卡特琳·瓦朗蒂：《不存在的孩子——19—20 世纪堕胎史》，高煜译，中国人民大学出版社 2012 年版，第 2 页。

② 同上书，第 3 页。

③ [美] 瑞科雅·索琳歌尔：《妇女对法律的反抗：美国"罗伊"案判决前堕胎法的理论与实践》，徐平译，广西师范大学出版社 2003 年版，第 247 页。

④ 如《汉书》卷 97《元后传》中记载，西汉成帝时，皇后赵飞燕和妹妹赵合德"姊弟专宠十余年，卒皆无子"，但她们为了固宠，又逼迫怀孕宫人堕胎"掖庭中御幸生子者辄死，又饮药伤堕者无数"。由此可知，汉代开始，就已存在药物堕胎之术。

⑤ 如《唐律疏议》卷 21"斗讼"中规定："若刃伤及折人肋，眇其两目，堕人胎，徒二年。（堕胎者，谓辜内子死，乃坐。若辜外死者，从本殴伤论）"参见（唐）长孙无忌等撰，刘俊文点校：《唐律疏议》，中华书局（转下页）

异见中的身体

部分，是拷决致妇女堕胎身死的刑事责任。① 元代有关堕胎的立法与唐宋略有不同，主要体现在对于职官殴妻堕胎、妓女堕胎和堕胎的卫生管理皆有不同的规定。② 元代法律区别前代之处是，特别强调了对职官行为的约束。而对勒令娼女用药堕胎之人论罪、管制堕胎药物和施术行为，则体现了对胎儿和母命的重视。有论者认为，这与元代统治者是蒙古族人，蒙古民族有重视和崇拜生育的传统有关。③ 在有关堕胎的立法史上，这是特例。明代的规定继承和发展了宋代堕胎依附于斗殴的立法方式，但是所处刑罚有所变化，对辜限的规定也更细化。④

　　从清代以前各代关于堕胎的法律规定来看，"致人堕胎"构成了

（接上页）1983 年第 1 版，第 385 页。《唐律疏议》卷 30 断狱："诸妇人怀孕，犯罪应拷及决杖笞，若未产而拷、决者，杖一百；伤重者，依前人不合捶拷法。"[疏] 议曰："'伤重者'，谓伤损之罪，重于杖一百者……若堕胎者，合徒二年。"第 570—571 页。

① 如《宋刑统》卷 30 "断狱律"推断怀孕妇人：[疏] 议曰："若堕胎者，合徒二年，妇人因而致死者，加役流。"参见薛梅卿点校：《中华传世法典：宋刑统》，法律出版社 1999 年版，第 559 页。

② 如：《元史》卷 105 "斗殴"："诸职官殴妻堕胎者，笞三十七，解职，期年后降先品一等，注边远一任，妻离之。"参见（明）宋濂等撰，《元史》第 9 册，中华书局 1976 年版，第 2673 页。《大元通制条格》卷 4 《户令·娼女妊孕》："娼馆之家，若有妊孕，勒令用药堕胎，陈告到官。将犯人断罪，娼女为良。"参见郭成伟点校：《中华传世法典：大元通制条格》，法律出版社 2000 年版。《续通典》卷一百八："（至元五年）十二月诏谕……禁市乌头、砒霜诸毒药及不通医理妄行针灸或为妇人堕胎戕害人命者加等治罪。"参见清高宗敕撰、王云五主编：《续通典》，商务印书馆 1935 年版。

③ 李莎：《元朝法律中的民间婚姻生育制度》，载《殷都学刊》2008 年第 2 期。

④ 《大明律集解附例》卷 20《刑律三·斗殴》："折人肋、眇人两目、堕人胎及刃伤人者杖八十、徒二年。堕胎者谓辜内子死及胎九十日外成形者乃坐。其虽因殴，若辜外子死及胎九十日之内未成形者各从本殴伤法，不坐堕胎之罪。"参见怀效锋点校：《中华传世法典：大明律》，法律出版社 1999 年版，第 159—160 页。

加重处罚斗殴与拷决者的情节，但女性自行实施的堕胎行为并未纳入法律规制的范围之内。到了清代，《大清律例》、各类通行和成案（以《刑案汇览》所载者为例）中有关堕胎的条文仍然比较少，但有对堕胎的专门规定。这些规定包括两类，一类是如前代一样，将导致堕胎作为犯罪行为的加重处罚情节，如《大清律例·刑律·斗殴》中的规定（条文内容与《大明律集解附例》卷20《刑律三·斗殴》的规定相同），一类是针对堕胎致人死亡之人的规定，如针对与女性同谋打胎的奸夫、受雇打胎者等皆规定了相应的处罚。[①]在这两类规定中，都不见有针对妇女的刑事责任。并且，只有在实施堕胎造成死亡的前提下才有处罚堕胎行为的必要，法律同时也只是明确了婚外堕胎的责任，没有婚内堕胎的规定。因此，第二类规定的制定宗旨，也似是为了打击"淫乱残忍之风"[②]而非抑制女性的堕胎行为。女性自行实施的堕胎行为，在清末修律以前，并未进入官方视野，只算民间细事，由当事者自行处断。

三、西方堕胎犯罪化的背景及遇到的阻碍

1. 英法等国堕胎犯罪化的背景

纵观西方世界堕胎犯罪化的过程，可以看到，自19世纪开始，英、法等国都已在刑法中对堕胎行为予以规制。如在法国，1810年的刑法典第317条就有如此规定："不论孕妇是否同意，任何人通过

---

① 参见《大清律例·刑律·人命之三·威逼人致死》《大清律例·刑律·诈伪·诈病死伤避事》中的律文。

② 参见《刑案汇览》威逼人致死一条，载乾隆三十八年（1773）通行本内案娼妇怀孕商谋奸夫打胎身死。

异见中的身体

食物、汤剂、药物、暴力或其他任何方法致使她堕胎，都将被判处监禁。妇女自己实施堕胎，或者同意别人采用手段致使自己堕胎，同样也将被判刑。医生和其他卫生官员，以及药剂师，进行指导或提供协助，如果致使堕胎发生，都将被判处有期苦役。"这条法律后来就一直作为惩治堕胎行为的依据，直至 1923 年才被修改。①

在英国，有关堕胎的法令最早出现在 19 世纪。在 1803 年通过的《妇女堕胎法》(Miscarriage of Women Act) 中，胎动是区分罪行轻重的标准，胎动前堕胎为重罪，胎动后则为死罪。1837 年该法修改后，取消了死罪。1861 年的《侵犯人身罪法》和 1929 年的《婴儿保护法》(Infant Life Preservation Act 1929) 也对堕胎行为进行了严格的规定。其中，1861 年的《侵害人身罪法》(offences against the person act，1861) 被认为对堕胎行为实行了"整个欧洲最严格的惩罚"。② 因为，在 1861 年法案之下，任何使用工具或者其他手段实行堕胎的孕妇都会被判处终身劳役，任何有意提供堕胎工具或药品帮助孕妇堕胎的人也会受到惩罚。③

美国的堕胎立法深受英国 1803 年的《妇女堕胎法》的影响。至 1849 年，美国已有 20 个州制定了限制堕胎法，多个州将堕胎犯罪

---

① [法] 让-伊夫·勒纳乌尔、卡特琳·瓦朗蒂：《不存在的孩子——19—20 世纪堕胎史》，高煜译，中国人民大学出版社 2012 年版，第 1 页。

② Brookes，Barbara，*Abortion in England*，*1900—1967*，London，New York and Sydney：Croom Helm，1988 转引自魏强伟：《堕胎法改革协会与英国堕胎合法化研究（1936—1967）》，上海大学世界史专业硕士学位论文，2019 年。

③ *Offences Against the Person Act*，*1861*，Attempts to procure Abortion，Http：Legislation.gov.uk，下载时间：2019 年 10 月，转引自魏强伟：《堕胎法改革协会与英国堕胎合法化研究（1936—1967）》，2019 年上海大学世界史专业硕士学位论文。

化。如 1854 年，俄勒冈州立法将堕胎规定为犯罪。在俄勒冈法典第 14-208 节中，有如下规定："任何人给予怀有小孩的妇女药物、毒品或类似的东西，或用工具或其他手段，意在消灭这个孩子的，除非是为了挽救母亲的生命所必需者，造成孩子死亡的，施术人和施术的母亲，以杀人罪论处。"①

西方社会于 19 世纪开始整体出现堕胎犯罪化的趋势，加强对堕胎行为的扼制。堕胎的女性以及帮助堕胎女性的人，都将受到严厉的惩罚。至于西方法律为何态度发生改变，主要原因有：

一是维多利亚时代对性的抑制。自 19 世纪开始，性在西方社会开始受到严格管束，被认为只应当限于在家庭夫妇之间发生。"对于性，人们一般都保持缄默，唯独有生育力的合法夫妇才是立法者。"② "一切没有被纳入生育和繁衍活动的性活动都是毫无立足之地的，也是不能说出来的。"③ 而堕胎并非只是已婚女性控制家中子女数量的方法，它还是性越轨者用以免除生育后果的手段。当社会对性的态度趋于保守，堕胎行为自然也日益受到限制。

二是宗教力量的影响。在西方社会中，基督教始终是一股反对堕胎的重要力量。这源于基督教对待胎儿的一个认识，即胎儿从何时开始才是一个"人"。基督教内部在这一问题上并不始终具有绝对统一的认识，因此，也并非在任何时候都对堕胎持绝对反对的态度。但在时代氛围趋于保守的情形下，胎儿亦人的观念也将占据

① [美] 瑞科雅·索琳歌尔：《妇女对法律的反抗：美国"罗伊"案判决前堕胎法的理论与实践》，徐平译，广西师范大学出版社 2003 年版，第 9 页。
② [法] 米歇尔·福柯：《性经验史》，佘碧平译，上海人民出版社 2005 年版，第 3 页。
③ 同上书，第 4 页。

异见中的身体

上风，基督教也会从保护胎儿的生命权利角度出发，对堕胎持打击态度。

三是医学技术的发展与医生权力的增加。19世纪也是近代医学不断发展并逐渐争夺对身体健康的定义权的时期。职业医生阶层常以保护妇女健康为由反对堕胎。如，在美国，在1860—1880年间，医生们曾不断游说立法者，将堕胎定义为非法。[①]这一努力不曾停止，直至最后每个州都制定了反堕胎法。[②]在此过程中，美国医疗协会（AMA）也向胎动标准发起了挑战，呼吁各州禁止未取得执照的医生进行堕胎手术。专业医生对法律施加影响的行动事实上达到了两重效果，一是令曾经赋予女性以决定权的"胎动标准（女性对胎动有发言权）"失效，继而获得了对人们身体健康特别是对女性身体的掌控权。其次，便是进入堕胎这一赚钱行业，并在与那些使用草药打胎的"江湖郎中"的竞争中，取得胜利。[③]

医生权力增加的另一个原因是医疗技术的发展。随着X光成像技术出现，原本由母亲来判断是否"胎动"的腹中生命体可以被肉眼清晰地看到其形态，这对于反堕胎人士所持有的胎儿人权观提供了医学上的支持。

四是近代人口政策的发展。资本主义经济体制之下，人成为生

---

① [美] 瑞科雅·索琳歌尔：《妇女对法律的反抗：美国"罗伊"案判决前堕胎法的理论与实践》，徐平译，广西师范大学出版社2003年版，第10页。

② 1845年，马萨诸塞州成为第一个将堕胎视为犯罪的州。到1910年，除肯塔基州外，各州均将堕胎定为重罪。见刘腾飞：《以美国堕胎权为视角探析公法与私法的交融》，载《外国法制史研究·公法与私法的互动》（年刊），何勤华主编，法律出版社2011年版。

③ 美国最早制定的限制堕胎的法律并非旨在保护潜在生命，而是为了确保执业医师团体对堕胎这一赚钱行业的垄断。见李燕：《人工流产：权利抑或义务》，载《法学论坛》2009年第1期。

产工具。资本主义的发展需要对人口进行调整控制。"如果不把肉体有控制地纳入生产机器之中，如果不对经济过程中的人口现象进行调整，那么资本主义的发展就得不到保证。"[①]在经济发展或衰落的时期，人作为重要的生产要素和消费主体，被认为需要合理地与经济形势相匹配，而家庭内部自发的人口调解技术已不再能满足社会整体层面的要求。这一由资本主义开启的"人口的生命政治"，也必然要求对个人私自堕胎的行为进行干预。

2.西方社会堕胎犯罪化历程缘何遇阻

尽管西方社会自19世纪开始以犯罪化的方案对堕胎进行约束，但诸项措施的实施效果其实并不理想。究其原因，主要在于存在如下几方面的障碍：

第一，查证困难。各种堕胎行为中，被认为需要定罪的，是人为的堕胎，而非自然流产。但是如何区分人为堕胎与自然流产，却始终存在技术上的难题。例如，1780年，法学家米·亚尔德·沃格朗就承认了法国的惩罚性法律是失败的："这些罪行尽管经常发生，但是由于让罪犯供认有困难——妇女的怀孕有时可能只是一种表面的假象，而且终止妊娠可能是因为意外事故，也可能是自然流产——因此既不能起诉，也不能惩罚。"[②]

第二，堕胎数量之巨令司法系统选择回避。无论对女性堕胎进行何种限制，事实上都无法抑制现实中数量巨大的堕胎行为。堕胎犯罪化的最终效果反而是限制了堕胎的途径，让更多女性选择非医

---

① [法] 米歇尔·福柯：《性经验史》，佘碧平译，上海人民出版社2005年版，第90—91页。

② [法] 让-伊夫·勒纳乌尔、卡特琳·瓦朗蒂：《不存在的孩子——19—20世纪堕胎史》，高煜译，中国人民大学出版社2012年版，第3—4页。

异见中的身体

学机构的"非法堕胎"或是自行堕胎。据不完全统计,20 世纪 60 年代,美国每年约有 5 万名育龄妇女死亡,其中因非法堕胎或自行堕胎致死者超过 1 万人,占育龄妇女死亡人数的 20%。这显然与美国医疗协会反对堕胎的初衷相违背。① 面对现实中存在的堕胎需求,司法系统多数时候只好选择不去介入。

第三,身体自主的女性意识兴起,构成堕胎犯罪论的对抗性力量。西方社会经历数次女性主义运动,对于女性的身体观产生了深刻影响。古已有之的、为获得有限的生活自主而实施的堕胎在现代社会中成为追求自由的女性所有意采取的行为,并进而被纳入权利的范畴。如在美国,自 20 世纪 60 年代的"罗伊诉韦德案"确立美国女性的堕胎自由以来,虽然有保守派势力多次试图通过法律渠道来取消这项权力,但是由于女性群体的普遍抗议以及政治体制上的诸多牵制,该项权利目前尚未受到实质性的撼动。

梳理西方社会堕胎犯罪化遇阻的原因之后,再看清末民国堕胎入罪一条效果不彰的原因,是否能从中发现迥异于西方社会的特殊原因? 从已有研究来看,清末民国时期,堕胎的发生无外乎也是源于如下情形:1. 经济不发达,子女过多,因无力抚育而堕胎。2. "男女苟合以致珠胎暗结。"3. 怀孕有碍女性工作,使其无法从业,故而堕胎。4. 部分城市妇女以享乐为目的,害怕生育影响体态及所追求的生活。5. 因身体孱弱或疾病问题,不得大产,需施早产或堕胎术,但因此而堕胎的少。② 除这些原因之外,当时民众因缺乏避孕知识,

---

① 刘腾飞:《以美国堕胎权为视角探析公法与私法的交融》,载《外国法制史研究·公法与私法的互动》(年刊),何勤华主编,法律出版社 2011 年版。
② 龙伟:《堕胎非法:民国时期的堕胎罪及其司法实践》,载《近代史研究》2012 年第 1 期。

以堕胎作为避孕手段，也是堕胎数量较大的一个原因。[①] 正因存在这些事实，所以当时法律虽引荐学习西法，将堕胎入罪，但最终一样面临侦缉困难、司法人员不足的问题。除了不具有西方社会女性争取身体自主的运动，国家以立法来遏制与法律最终效果不彰之间的因果关系，与西方社会并无显著不同。

四、结语

"传统—现代"的分析框架隐含了一个前提性的认知，即中西方法律对待堕胎的态度迥异。但是，对照中西方法律对待女性堕胎的态度以及西方与清末民国堕胎犯罪化所遇阻碍，我们可以发现，中西方法律在此问题上的态度与遭遇其实同大于异。因此，清末修律中女性堕胎犯罪化虽是一项法律移植行为，但其最终效果不彰，却不能完全归结为西法价值与中国传统的不可兼容，并进而将其构建为一个"传统"与"现代"相斥的文化冲突问题。局限于"传统—现代"的分析框架可能导致对中国法律现代化过程中的一些面向和分析脉络的遮蔽。

堕胎是由来已久的兼具以下作用的人类行为：作为处置非预期的胎儿的一种方法，堕胎对于家庭而言，具有经济不济时抑制新生人口的作用，可被视为自发性的家庭人口调节手段。对于女性这一生育工作的承载者而言，堕胎也意味着身体负荷的免除，其自行自主的堕胎行为也因此而具有身体自主的意味。由于也可能是处置婚

---

① 龙伟：《堕胎非法：民国时期的堕胎罪及其司法实践》，载《近代史研究》2012 年第 1 期。

异见中的身体

外性关系导致的怀孕，堕胎因此也令性自由的享有无忧。同样，无论是中国还是西方社会，自有成文法的年代开始，女性自行堕胎大多都不构成犯罪。究其原因，应与这类行为并不危害根本性的社会秩序有关，如在中国传统之中，堕胎长期不被视为犯罪，是因这一行为并不危害以血缘和等级为核心的家族伦理。在西方，虽有以侵犯"夫权"来治罪的地方或时期，但其并未对城邦与国家利益造成重大损害。所以，长期以来，在中国，堕胎多是被视为民间细事或家中私事，由民间社会自行处置，并不需要国家力量的介入。

自19世纪开始，原本在西方社会被视为私事的堕胎开始进入法律的视野，并被犯罪化。但是由于上文所述的诸多原因，堕胎犯罪化在现代西方社会并未构成主流，与之相对抗并渐成一项基本权利被现代诸多西方国家的法律所确认下来的，是女性的堕胎自由。而正如上文所示，西法中堕胎为罪的条款难以得到有效实施的原因，与清末民国同类法律遇阻的原因其实极为相似。这便对以"文化冲突论"来解释清末民国堕胎入罪问题的思路构成了挑战。那么，是否可能存在其他的分析思路？这一分析思路脱生于西方社会将女性堕胎犯罪化的历史，即伴随资本主义的发展，可见女性之于身体的有限自主逐渐被基于人口调节、性控制等需要而制定出台的法律所收缴，但是隐藏在家庭生育调节行为之中的女性身体自主的需求是一个恒久的、不容忽视的历史事实，这一需求与试图约束之的法律之间构成巨大张力。女性身体与表现为法律的国家权力之间的关系，也成为认识和理解西方法律现代化过程的一个不可忽视的维度。参照"人口的生命政治"一语，我们可将此维度称为有关"女性身体的生命政治"。

清末中国已经开启以西法为学习对象的法律现代化进程，女性堕胎入罪一条便是参照西法的结果。《大清新刑律》虽因清王朝覆亡而失效，但其事实上构成了之后北洋政府、国民政府有关堕胎立法的基础。法律作为国家力量，将女性的身体驱逐出家族这一私域，宣布对女性身体的支配权，便自这一时期始。已有法律史家指出，国家与社会、国家与法律以及国家与个人之间的动态关系是理解中国法律现代化运动的重要方面，也是中国当代法治发展的关键所在。[①] 但"个人"一语仍显抽象。其次，若将大清新刑律中女性堕胎入罪一项与同时开启的民族国家建设的历史任务结合起来考察的话，国家与女性之间围绕身体支配权而进行的深层互动则更显清晰。无论是民国时期堕胎与生育成了关系民族危亡的公共议题而与民族国家的建设发生了关联，还是革命时期基于婴儿之于革命的意义而制定的有关禁止堕胎的法律，都显示出，女性身体在法律规制之下被逐渐纳入国族兴亡的宏大话语之中。女性身体经由堕胎法律而被国家化，成为近现代女性身体发展史上的一个显见的事实。若从这一路径来看，清末修律中女性堕胎入罪的举措也具有了不止于法律移植或法律现代化的另一层意义，即它事实上构成了女性身体从家族化走向国家化的一个开端。有关女性身体的生命政治也或可成为理解中国法律现代化的一条别样的路径。

---

① 梁治平：《法律何为》，广西师范大学出版社 2013 年版，第 100 页。

异见中的身体

身体的绽出：女性主义生育观的走向

在寻找女性居于从属地位的原因和女性解放之路时，女性境遇的关注者必然会注意到生育在其中的作用。然而与体质、体格、大脑结构这些与性别不平等有关的两性生理差异不同，生育不仅涉及男女生殖器官构造和功能上的差别，还与人的繁殖这一人类社会存续的基础相连。围绕生育，人类也已建立起一整套政治经济制度和相关的意识形态。生育与女性发展之间的关系因此而显得更为错综复杂。女性主义的相关探索于是也是从多学科多维度进行。本篇将列举女性主义在这一方面的理论，通过梳理其脉络，总结其共性，最终指出"身体"已成为在理论上破除生育与父权国家勾连关系的起始点和一个重构女性位置的突破口。

一、女性主义在初始阶段对生育问题的忽略

18—19 世纪随资产阶级革命胜利而兴起的女性主义思想在生育问题上未做专门思考。例如著名的英国自由主义女性主义代表人物玛丽·沃斯通克拉夫特，她所主张的是女性应当享有与男性同等的

受教育权、工作权和选举权。女性应当并且能够享有这些权利的原因是，女性拥有与男性一样的理性——她们看起来和男性如此不同不过是教育的缺乏造成。因此在教育环节中，也应当着力去培养女性的理性。结婚生育的决定也应当出自理性的选择。让女性进入公共领域与男性共享资产阶级革命胜利的成果，成为这一时期自由主义女性主义的共同目标。在这样的论述和努力中，生育是作为一个无须反思的自然事实而存在，生育用以反思不平等和创造平等机会的价值还未被触及。习得和训练与男人一样的理性，甚至也成为女性更好地履行贤妻良母的职责的保障。

这一回避生育问题的平等方案带来的是双重效果。一重效果是公共空间向"逐渐理性"的女性的打开，女性潜能得到释放。另一重效果则是作为自然事实的生育以及由此派生的照料养育工作继续以女性工作的形式延续。不仅如此，由于教育、劳动、选举这些公共活动的价值得到强调，与此对应的私领域中的女性工作的价值则被进一步忽略。而婚姻、家庭、生育和爱等多个问题的悬而未决，事实上也妨碍着女性进一步向公共领域发展。例如，发展到20世纪中期，自由主义女性主义代表人物之一的贝蒂·弗里丹就指出了走出家庭后的女性，虽然社会地位提高、有事业可做，但是是否要孩子以及与此有关的具体问题开始困扰着她们。[①] 绝对的与男性割裂、拒绝生育并不具备可推广性，但女人们所构想的生育的理想条件——如两性对生活和爱达成共识，似乎又总难实现。

---

① 李银河：《女性主义》，山东人民出版社 2005 年版，第 44 页。

异见中的身体

二、部分女性主义流派对公私二分法的质疑

将生活世界公私二分且"公优于私"的话语构建是造成女性选择困境的一个原因。诸多关切女性权利问题的社会批判学说也因受制于二分法而折损其批判力度。

以推翻父权制为妇女解放方案的激进女性主义批判公私二分法，指出私人与公共领域，生殖与生产领域的划分是一种男权制结构，并且认为要重新评价私人和生殖领域，为其赋予较高的价值。① 激进女性主义同时也认为只关注女性在公共领域中的无权存在着将私人领域视为女性可以自决的领域的错误理解。在激进女性主义看来，女性在生育和性这类问题上从未实现真正的自主。美国女性主义法学家麦金农因此就极力反对在隐私权的框架下去确认妇女的堕胎自由。因为将堕胎问题进行隐私化处理的策略固然带来了对女性堕胎自由的承认，但将生育视为隐私的做法本身隐含了女性在性这一私领域中已是充分自主的错误假定，这一方面会导致堕胎手术上公共医疗资源分配的不足，另一方面则是任由私领域中的性别不平等发展，生育或堕胎成为女性的事，男性和社会对此无责。一些激进女性主义者还认为女性受压迫的原因不是由阶级原因，而是由生理原因导致的。其中最主要的一个原因是女性的生育，因此只有通过诸如避孕技术、试管婴儿、人工授精及无性繁殖这类科学技术的进步把女性从生育这一压迫她们的生理功能下解放出来，女性的处境才

---

① 李银河：《女性主义》，山东人民出版社 2005 年版，第 54 页。

会有实质性的改善。①

　　"化私为公"也是策略之一。例如社会主义女性主义代表人物贾格尔就主张将性与生育都视为一种"劳动"。既然性与生育都是劳动，那么，性行为和生育行为都是经济基础的重要构成要素，并且与经济基础具有相互决定的辩证关系，现有的经济与政治领域的范围也因此而得到扩展。②在贾格尔看来，将性与生育都包含在经济与政治领域之内不仅是出于分析的需要，也是为了展示全面理想的需要。因为，只要性行为是由男性界定的，只要妇女不能决定是否生孩子，那么妇女就不可能自由；只要妇女被迫从事大量不相称的照料孩子、维持生活及养育等工作，妇女就不可能与男性平等；如果只是聚焦于参与选择政府或只聚焦于工人掌控生产资料来满足人类衣食住行的需要，那么关于民主的理想就不合适。所以，原有的自由、平等与民主的理想是不充分的。贾格尔认为，应该创造有关自由、平等与民主的新概念，新的概念里应当包括生育中的民主或再生产民主。在贾格尔的论述中，性与生育超出私领域的范畴，获得了政治意义。与此类似的论述是将"生育"视为妇女的"劳动力再生产能力"。因为从社会主义女性主义的角度来看，资本主义社会中的女性承担了劳动力再生产以及性、食物加工等在内的一系列家庭中的无偿劳动，这也导致了她们的地位低下。

　　另有社会主义女性主义代表人物米歇尔认为，女性的被剥削被压迫是通过四个领域来进行的，那就是生产、生殖、性和儿童的社会教化。资本主义社会中，这四个领域在家庭中结合在一起，相互

---

① 李银河：《女性主义》，山东人民出版社 2005 年版，第 50 页。
② 秦美珠：《女性主义的马克思主义》，重庆出版社 2008 年版，第 149 页。

异见中的身体

依存，成为女性受压迫的物质基础。^① 因此，社会主义女性主义虽然赞同激进女性主义将私与公、生殖与生产领域的划分视作男权制结构，但她们的结论不是像激进女性主义者那样去重新评价私人和生殖领域，为其赋予较高的价值，而是强调公私两大领域的不可分割性，因此，在政治要求上，社会主义女性主义也指出工业的结构应当向生产和生殖的劳动者倾斜。

三、生育为什么不是一项权利？

"生育的被私人化"一定程度上能够解释资本主义社会中为何女性作为一个"阶级"而受到剥削，却无法解释早在资本主义社会之前女性便受到压迫这一事实。人类学者盖尔·鲁宾根据原始部落的证据，指出妇女受压迫是在以交换女人为基础的亲属制度下发生的。^② 男人与男人通过交换女人带来亲属关系的建立与扩张，此时，女性的交换价值体现在她的生育能力上。或者说，生育是作为女性的所谓天然的能力使得她可以被交换、需要被交换，从而带来家庭的形成、部落的扩张，以及早期国家的诞生。在这个过程中，以异性性行为为基础的外婚制也确立了起来。总结而言，亲属制度是确认男人支配妇女身体之权力的制度，妇女身体的生育功能和它本身的流动都服务于部落联盟的需要，即男人在彼此之间交换女人，并借此而扩大部落联盟，奠定国家的雏形。国家于是成为男人与男人之间的关系，正如在柏拉图那里，国家与兄弟是同义词。也就是说，

---

① 李银河：《女性主义》，山东人民出版社 2005 年版，第 53—54 页。
② ［美］佩吉·麦克拉肯主编，艾晓明、柯倩婷副主编：《女权主义理论读本》，广西师范大学出版社 2007 年版，第 87 页。

在国家形成之前，女性的性已被规限在异性之间，其生育行为也被"天然地"视为联盟与国家建立的基础，没有进入到公民意义上的男性与国家协商之结果的"权利"范畴之中。生育于是难以被作为女性的"权利"来对待。

恩格斯在《家庭、私有制和国家的起源》里指出，在阶级社会里，并非生物学上的依赖（诸如体力、生育等生理上的男女差异）造成了妇女在社会地位上的从属性，而是因为阶级社会把她们的生殖能力贬低到这样的地位，即生殖并不成其为一项权利。[①] 尽管这一认识还需要更多人类学的证据来证明，恩格斯的研究也被认为在资料上存在一些问题，但是这一思考进路却颇具启发意义，即存在这样一种可能，私有制、家庭、妇女的受压迫和国家是同步发生并相互需要。[②] 国家形成之后，国家机器把生产和社会控制中男人对男人的剥削与专偶制婚姻及繁重的家务劳动中妇女对男人的附属联系了起来，其中，妇女的生育作为国家形成的基础（并非政治权利）而被视为应有之义。正如启蒙思想家卢梭所说的社会契约是发生在个人与国家之间，但这个契约不包括婚姻。

对于超越社会发展阶段的女性遭受压迫的现象，乔多罗提供了精神分析学的相似解释。在《母性的复制——精神分析与性别社会学》一书中，乔多罗探讨了"女性的母亲角色构成男性主宰的原因或来源"。她提出一种在前俄狄浦斯阶段由母亲主宰的，而不是在俄狄浦斯阶段由父亲主宰的精神分析学说，强调必须从历史和社会视角重新理解母亲和前俄狄浦斯阶段。乔多罗认为，女性的母亲角色

---

① ［美］佩吉·麦克拉肯主编，艾晓明、柯倩婷副主编：《女权主义理论读本》，广西师范大学出版社 2007 年版，第 11 页。

② 同上书，第 15 页。

是代代复制的，而美国二战后的社会现实又进一步强化了由女性扶老携幼的劳动分工，女性的这种角色一直被社会意识形态和心理学所强化。她还进一步提出一个问题：为什么只有女性才能做（社会角色意义上的）母亲。她认为这一提问至关重要，因为女性的母亲角色是形成性别分工的主要因素，这对于女性的意识形态、男性和性别不平等的复制，以及父权制的复制都有深远的影响。[①]

人类的生育行为固然有其生物性的一面，但是女性因为生育而所处的从属境遇却不能被视为也是天然如此。上述论证工作的共同贡献就在于指出了女性生育职责的社会建构的一面，女性因生育所处的境遇也就有人为的力量作用其间。有研究者甚至认为女性生育行为本身也并非如许多人类学和社会学理论所说的那样，是一个自然事实，例如乔多罗认为女性做母亲是社会性别分工的结果，这种分工会不断地鼓励女性发展这方面的能力以便获得心理满足，久而久之这种心理便成为女性心理结构的一部分。看起来是自然而然的行为背后，有着社会准则的驱使和女性对于这些准则的内化。

四、身体的发现

生育发生在女性身体之上，身体也自然会成为理解与生育有关的女性处境的一个途径。只是不同时期的女性主义的任务和目标不同，对身体所具有的作为理论资源的价值的认识也有区别。如早期的自由主义女性主义，其目标定位在为女性拓展出更多的公共空间，论证女性也具有与男性一样的发展理性的条件就成为这一时期女性

---

① 肖巍：《飞往自由的心灵：性别与哲学的女性主义探索》，北京大学出版社2014年版，第96页。

主义的任务之一。然而理性从何而来？身体条件不同，比如经历生育的身体，是否可能具备相同的"理性"？这些问题并未在早期自由主义女性主义时期得到解答。但是，有理性为基础，这一时期的女性主义便可主张在流产、避孕和生育方法等方面的女性身体自治的权利。[①]一部分激进女性主义关注到了性别不平等在"性"这一领域中的体现与运作，女性身体作为性的发生之所，相应成为一系列新的女性权利的构建依据。例如强调女性获得身体知识的权利、身体健康的权利、女性的性欲望和性权利以及女性身体自治的愉悦；强调性别政治中身体的重要性。激进女性主义不仅将对身体的关注引入新的理论层次，而且将争论的范围从社会经济分配领域扩展到文化领域。[②]但是，在这类理论工作中的女性身体，还处于一个沉闷的物质状态，女性身体所具有的反思主体性问题的能力尚未被激活。一种解释是，这一时期的女性主义思潮深受启蒙主义影响，启蒙主义依然带有身心二元的痕迹，崇尚理性而贬低欲望与身体。身体经验与主体意识的关系于是没有得到充分展开。她们甚至为此而受到来自女性主义内部的批评。

　　曾在《第二性》中以怀孕的女性身体经验指出，主客二分并不绝对[③]的女性主义哲学家波伏娃，便因为"对男性化的现代主义理性

---

① 吴华眉：《身体的哲学：当代女性主义身体观研究》，中国社会科学出版社2021年版，第2页。

② 同上书，第4页。

③ 波伏娃曾以存在主义现象学的方法剖析过怀孕女性的身体体验："当孕妇身体处于超越状态时，她又感到这个身体是内在的：它呕吐、不适，对自身进行攻击；它不再为自己而存在，所以它变得比以前任何时候都要大。工匠和行动者的超越性含有主观性因素，但做母亲时主体客体的对立却不再存在。"见［法］西蒙娜·德·波伏娃：《第二性》，陶铁柱译，中国书籍出版社1998年版，第562页。巴特勒因此说《第二性》"提供了一个基础，（转下页）

价值的承诺，使女性的身体长期被抹杀"，[1] 而受到克里斯蒂娃的批评。在后者看来，波伏娃支持的是"民族国家的理性"。有后来的法国学者为波伏娃辩解称，这种判断没有理解波伏娃的写作理论和历史背景。或者说，没有理解波伏娃的"身体／主体"概念。[2] 战后的法国社会仍试图否认女性的生殖自由，将堕胎定性为犯罪，使生育控制变得不可能（法国直到 20 世纪 60 年代末才在法律上引入避孕措施，堕胎也是在那时才不被视为犯罪），但是法国女性依然做出了包括堕胎在内的选择，控制生育和自己身体。在波伏娃看来，这正是拥有并运用理性的结果。成为理性的人，女性才可以干预她们的生殖功能。这并不是克里斯蒂娃所批评的，是支持"民族国家的理性"。事实上，对波伏娃来说，正是在选择的过程中，女性成为自由而负责任的主体，颠覆了她们作为客体／他者的地位，也挑战了民族国家的期望。[3] 在这一对于波伏娃的辩护中，女性对身体，从而对生育进行控制，摆脱客体／他者位置，是有赖于理性的。或者说，没有理性，就难以想象能控制身体以及彰显主体。

自尼采以后，身体逐渐得到西方哲学的重视。女性主义也意识到身体与主体、与性别之间关系紧密，以及父权制哲学和社会体制在维持性别歧视与性别不平等关系时对身体的借助。在后现代哲学的影响之下，例如在庞蒂的身体现象学启发之下，女性主义开始走

（接上页）明确地以女性主义方式说明身体体验问题，这对女性主义理论做出不同的哲学贡献"。见肖巍：《飞往自由的心灵：性别与哲学的女性主义探索》，北京大学出版社 2014 年版，第 161 页。

[1] [加] 伊莲·斯塔夫罗：《对波伏娃的利用与滥用：重新评价法国的后结构主义批判》，陈荣钢译，出自公众号"陈荣钢译"。

[2] 同上。

[3] 同上。

出身心二元的窠臼，力图突出身体体验——包括女性生育的身体体验的意义，并通过对于身体的回归确立起女性作为身体及其体验主体的地位，围绕着身体来探索性别平等和解放的新路径。

借助庞蒂的身体现象学，杨描述了怀孕过程中所体验到的，也是波伏娃曾在《第二性》中描述过的身体的双主体性和主体的分裂，这是一种与他者共存的、既有超越性又具有内在性的、充满矛盾的主客体相融的身体经验。"我将我的内里感受为另一人的空间，然而那是我自己的身体。"[①] "我身体的整合性在怀孕中被松动，不仅是因为内里的外在化，也因为我身体的边界本身就是流动的。在怀孕期，我真的无法确切感觉我的身体在哪终止，世界又从何处开始。"[②] 杨以怀孕主体的双重化，挑战了男性思想家们关于主体是统一的假定，揭露了一种去中心化的身体主体性，即"自我置身于非我形态"。

身体成了将生育与女性主体性联系起来的桥梁。早在 20 世纪初，女性节育运动先驱玛格丽特·桑格就曾说，任何一个不能拥有和支配自己身体的女人，都不能说是自由的，除非她能够有意识地选择是否愿意成为一名母亲。此处的身体尚处于类似自由主义女性主义的静态的物质状态，但主体意识已在这一希图支配身体的愿望中初显端倪。无疑，以身体自主的形式出现的生育自由是主体精神存在形式的重要组成部分，它会间接地对主体物质存在形式的维护与延续起着重要作用，也会对维护主体的独立性及培养主体独立的人格意识产生重大影响。同时，生育也关联着性，当性欲受到规限，其价值仅附着于繁衍之上，女性的自主性也将受到限制，所以，女

---

① ［美］艾莉斯·玛利雍·杨：《像女孩那样丢球：论女性身体经验》，何定照译，商周出版社 2006 年版，第 82 页。
② 同上书，第 83 页。

性对生育自主的争取，也是对性自主的争取，是主体精神的体现。表现在行动中，则是争取控制生育的机会，如对避孕和堕胎自由的要求。当然，这条道路也并不平坦。如巴特勒指出，我们必须通过身体才能诉求自主权，女性主义要求生殖自由就是这样做的。如果不依靠"自主权"，特别是身体的自主权来提出这些要求是很难的，但不是不可能的。但她同时也指出，身体的自主权是一个十足的悖论，因为，"正是我们为之奋斗的身体却不仅仅是我们自己的。身体有其永恒的公共的一面；我的身体在公共领域是作为一种社会现象构成的，它既是我的又不是我的"。①

在符号意义上，女性生育的身体也存在解构父权律法的潜能。如前文提到的法国女性主义哲学家克里斯蒂娃，就曾试图挑战拉康的叙事，揭示拉康理论的有限性，并提出一个明确的、在语言内颠覆父系律法的女性场域。拉康叙事假定文化要有意义，必须压抑原初的与母体的联系。她指出符号态是语言的一个维度，由那原初的母性身体所承载展现；而原初的母性身体不但推翻了拉康的基本前提，也成为象征秩序中一个永恒的颠覆根源。② 同样，这一颠覆策略也有诸多可质疑指出。例如，巴特勒认为，尽管克里斯蒂娃把母性身体建构成前话语的话语生产，但是构成这个"前话语母性身体"比喻根基的东西却是充斥着权力关系的性别话语本身，也就是说，在人们强调母性身体时，就体现出女性身体被要求承担母性角色，以母亲作为女性自我本质和欲望的规则，这无疑是父权制话语

---

① ［美］伊丽莎白·韦德、何成洲主编：《当代美国女性主义经典理论选读》，南京大学出版社 2014 年版，第 28 页。

② ［美］朱迪斯·巴特勒：《性别麻烦：女性主义与身份的颠覆》，上海三联书店 2010 年版，第 107 页。

的体现。因此，对于巴特勒来说，克里斯蒂娃把女性／母性身体理解为一种"前父系因果关系"的善良初衷是在倡导一种"母性生物决定论"，无意中强化了父权制话语和法律。"当那些维系母性制度的欲望经过价值转换成为先于父系律法、先于文化的内驱力时，这个制度在恒定不变的女性身体结构里获得了某种永久的正当性。的确，那显然是父权的、支持并要求以生育功能作为女性身体主要特点的律法，它铭刻在那身体上，作为它的自然需求法则。克里斯蒂娃捍卫那个所谓生物学上必然的母性法则，认为它是先于父系律法本身存在的一种颠覆性运作，她助长了对这一律法的不可见性的系统性生产，因此也助长了它的必然性的假象。"①

身体也被引入到对经济基础论的反思中。例如费尔斯通就认为"用严格的经济基础来解释对妇女的压迫是错误的"。她大胆断言，性别二元论的根源在于生物性——生殖本身，生物家庭是一个"内在的不平等的权力分配"，这是性别阶级产生的根源。因此要扩大历史唯物主义的范围，发展"性的辩证法"。那么如何消除性别特权，实现女性解放？她的主张是，"不仅要完全恢复妇女对自己身体的所有权，而且还要（暂时）夺取对人类生育的控制"。为此她还建构了一种"控制论个人主义"。②

五、身体的绽出

在将同一作为性别平等实现之基础的视域中，目前依然只能由

---

① ［美］朱迪斯·巴特勒：《性别麻烦：女性主义与身份的颠覆》，上海三联书店 2010 年版，第 123 页。
② 王善英：《"性的辩证法"：费尔斯通的言说》，载《中国社会科学报》2020 年 3 月 31 日。

异见中的身体

女性身体来完成的生育便构成了实现性别平等的根本障碍。而生育所关联的性与繁衍、人伦与情感，所具有的公私双重属性，也使得围绕它而形成的女权议题从来就饱含争议。如何在理论与行动方案上处置生育这件"头疼"的事，成了西方女性主义发展道路上一个始终处在进行状态的重要任务。早期自由主义女性主义对生育议题的暂时搁置，带来公共空间向女性敞开与身体负荷加重的双重后果。赋予私领域以相当价值或政治意义，将生育去自然化并将其视为资本主义生产环节之一的再生产劳动，也是部分女性主义学者提出来的用以改善女性处境的方案。人类学的研究则试图回答生育是如何成为父权社会延续的基础，又是如何被剔除在权利范畴之外。精神分析也辅助解释了女性因生育而受制于母亲角色的持久性。

在这些女性主义理论关于生育与女性处境关系的不同层面的认识中，性别差异与性别不平等产生的根源得到了进一步发掘。并且，伴随着现实之中女性对避孕和堕胎自由的争取，一种因对生育的控制而日益显现的女性身体自主意识，逐渐促成女性主义思考主体性的新路径。或者说，表现为身体自主的生育控制需求，以及隐含其间的性自主，成了女性主体性彰显的一种方式。借助后现代思潮为身体开辟出的道路，以怀孕的身体经验拆解主客二分也成为可能。身体作为女性主义用以认识和重构正义问题的新途径，应会不断释放其强大的理论能量。

身体如何成为一个思考生育权的进路？

　　立足于身体，从身体自主出发去诉求生育自主，已是西方女性主义的一条可选路径。事实上，西方身体研究的兴起与女性主义的发展、女性意识的崛起密不可分。[①]这一现象一方面宣告着女性解放新阶段的到来，另一方面也让具体的女性身体经验作为差异的象征，成为知识生产的来源，缓解着既有认识论中内含的主客二元对立紧张关系。我们具有与西方世界并不相同的文化传统和社会土壤，诞生自西方政治与历史文化经验之中的身体学说，能否被运用到中国研究中来？[②]答案是肯定的。自身体理论引入到我国学界以来，以身

---

① ［英］克里斯·希林：《身体与社会理论（第二版）》，李康译，北京大学出版社 2010 年版，第 29—30 页。

② 在西方的身体理论是否适用于中国研究这个问题上，社会学学者黄金麟曾作过充分反思。他认为，以资本主义为主要发展轨迹的身体形式和建立在这种发展轨迹上的身体理论，并不完全适用于解释中国的身体经验。但若就民族国家的建立而言，欧陆的民族主义思潮和国民思想，却和中国的历史发展有着高度的牵连。见黄金麟：《历史、身体、国家：近代中国的身体形成（1895—1937）》，新星出版社 2006 年版，第 16 页。同是社会理论研究，范譞也运用概念史的研究方法，探讨了西方社会理论中的身体概念的"暧昧性"困境。见范譞：《消解与重构——西方社会理论中的身体概念》，（转下页）

　　异见中的身体

体视角切入中国问题的相关研究便不断涌现，其中不乏涉及中国女性生育经验的研究。这些研究与海外汉学研究各有侧重、各有发现，加深了我们对近代以来中国社会变迁中的诸多问题的认识。

一、国内的"身体与生育"研究

对于身体理论，国内学界已经历了从"引入"到运用其展开具体研究的过程。这一过程大致开始于二十年前，当时，身体理论尚被视为"前沿思想"。以李康为代表的社会理论研究者、以汪民安为代表的西方后现代思想研究者在各自领域内长期耕耘，完成了大量译迻和梳理工作。① 这些工作为国内身体研究的展开奠定了重要的基础。

近年来，身体研究更是成为国内人文学科的热点。包括女性学在内的多个学科的身体研究，从不同面向提供了"中国人对身体认知的状况和身体自身在中国传统和现代社会的境遇和发展状况。其中近现代又是身体研究比较密集的时段，这是因为 20 世纪上半段是

（接上页）中国社会科学出版社 2018 年版。无疑，理论的适用性困境和概念的暧昧性，也是将身体引入中国问题研究时必然遭遇的问题。

① 见李康：《身体视角：重返"具体"的社会学》，载《国外社会学》1997 年第 1 期，[加] 约翰·奥尼尔：《身体五态——重塑关系之形》，李康译，北京大学出版社 2009 年版，[英] 克里斯·希林：《文化、技术与社会中的身体》，李康译，北京大学出版社 2010 年版，[英] 克里斯·希林：《身体与社会理论》，李康译，北京大学出版社 2010 年版，李康也曾撰文《身体与社会的千面书影》，对国内包括社会学在内的身体研究进行了巨细靡遗的梳理，见"信睿周报"公众号（2021 年 11 月 8 日）。另见，汪民安：《尼采、德勒兹、福柯：身体和主体》，文化研究网，http://www.culstudies.com，2003-4-9；汪民安、陈永国编：《后身体：文化、权力和生命政治学》，吉林人民出版社 2003 年版；汪民安：《尼采与身体》，北京大学出版社 2008 年版。

中国从传统走向现代的转型时期，也是国家民族颠簸动荡的时期，外来侵略和内部纷争下，身体被推到突出位置"。[1] 对这一时期的身体研究，使现代性过程中的一些问题都浮出水面，身体研究中所思考的诸多问题因此也成为中国现代化过程中非常关键的问题。如杨念群便认为，身体角度可以避免仅仅从上层或下层的单一取向观察中国近代变化所带来的局限性。其中，研究西医的进入如何影响中国人对身体的认知和感受，继而影响到社会关系的变化以至社会结构，就是一个从身体角度观察"现代政治"如何影响近代中国的演变的范例。[2]

在女性身体方面，社会科学领域内产生了一些很有价值的实证研究。如在性社会学领域，黄盈盈进行的以性为切入点的女性身体研究。这些研究所涉及的问题包括性感与女性主体的构建，疾病与女性身体，等等。[3] 这一在性/别与身体社会学的框架下进行的日常生活经验研究，对于构建中国语境下的身体社会学起到了开创性的作用。同样在性别研究领域，丁瑜、肖索未等人以女性敏感群体为研究对象，研究目的主要在于剥除附加于这类女性群体之上的社会刻板印象，挖掘研究对象的生存策略和自我建构的复杂性。[4]

社会理论研究者黄金麟反思身体理论并将其化用于中国问题。

① 李蓉编著：《中国近现代身体研究读本》，北京大学出版社 2014 年版，第 5 页。
② 杨念群：《如何从"医疗史"的视角理解现代政治》，见 2006 年南开大学"社会文化视野下的中国疾病医疗史"国际学术研讨会论文。
③ 见黄盈盈：《身体、性、性感》，社会科学文献出版社 2008 年版；《性/别、身体与故事社会学》，社会科学文献出版社 2018 年版。
④ 见丁瑜：《她身之欲：珠三角流动人口社群特殊职业研究》，社会科学文献出版社 2016 年版；肖索未：《欲望与尊严：转型期中国的阶层、性别与亲密关系》，社会科学文献出版社 2018 年版。

异见中的身体

他以中国近代身体生成与西方身体社会学进行对话，考察了民国时期的身体现象，颇具创造性地将近代中国身体生成的特点概括为身体的国家化、法权化、时间化和空间化。[1] 尽管并非专论女性身体，但黄金麟认为，从《大清新刑律》修订中关于无夫奸是否应为罪的争议，可以窥见中国女性身体的特点，即女性身体具有从属性，一直受到各种权力形式的羁绊。修订后的《大清新刑律》将女性自行堕胎予以犯罪化，依照逻辑，这也同样是女性身体深受种种权力束缚的一个深刻证明。清末民国之后女性生育的身体与国家的关系形态由此可得一见。

中西方文化对待堕胎一事有不同态度。王珏以两种身体观对此进行了解释。[2] 西方在胎儿生存权和妇女选择权之间存在冲突的堕胎困境，是源于西方哲学中的身体图式，这是一种执着于身体轮廓上的界限的语言，并且"每一个身体作为一个功能体都受并且只受一个自我的制约"。[3] 堕胎问题于是成为"在一个身体中的两个人之间的关系问题"。[4] 这样的身体观就使得一种关于堕胎的讨论必然陷入困境：要么是把妇女堕胎的权利建立在对身体轮廓或对子宫的所有权的主张上，要么是把胎儿生命权建立在目前所让出的、对自己身体的控制上。而且西方文化中漠视母亲的意义，怀孕身体的作为"一个无自己名称和特质的容器"而存在，在这个过程中只有"一"的诞生，不可能有真正的"二"。王珏认为中国传统身体观所诉诸的

---

① 黄金麟：《历史、身体和国家：近代中国的身体形成（1895—1937）》，新星出版社 2006 年版。

② 王珏：《中国传统身体观与当代堕胎难题》，载杨儒宾、张再林主编：《中国哲学研究的身体维度》，中国书籍出版社 2020 年版，第 62—81 页。

③ 同上书，第 66 页。

④ 同上书，第 63 页。

是另一种语言。这种语言从没有把身体轮廓作为观察身体的中心。身体本身就可以充任意义的来源，这是压抑身体的西方传统所无法想象的。而且经由身体性存在所获得的意义已然是在关系中的。因为支撑身体存在的"气"本身就是在不断的伸展与流动中。正是基于这样的身体观，中国传统是可以接受堕胎的。从中西身体观的不同来解释中西对待堕胎的不同态度，的确耳目一新。借此，身体视角在女性研究中的价值也得到一定证实。但是，作者暗含的对中国传统身体观的推崇，却有值得商榷之处。因为与儒家身体观一体的，还有对身体之于祖先的意义的强调，即身体对子嗣养育行为的完成。这便带来身体对权力的服膺以及女性的压抑。女性的堕胎虽在中国传统身体观中被默许，但仍以承担生育为必要前提，这便意味着，传统身体观可能无法完全回应当下的女性生育自主的问题。

生育作为有医、药介入其间的身体行为，自然也令医、药的运用成为认识女性身体处境的一个视角。尤其是近代以来随西医的进入和孕产的逐步医疗化，女性生育的身体经验也成为一个反思现代性的脚本，即现代化对于女性处境而言究竟意味着什么。例如李贞德在医疗史研究著作《女人的中国医疗史：汉唐之间的健康照顾与性别》中，经过对历史的回溯，指出在生育问题上，今天的女性身体和医疗、法律，乃至父系家族的关系相较从前，并没有太大改变。①

研究无须一一罗列。概观之下，可见在国内的相关研究中，身体也是在不同学科、被定位于不同层面使用，体现出希林所说的身

---

① 李贞德：《女人的中国医疗史：汉唐之间的健康照顾与性别》，三民书局 2020年版，第 397 页。

异见中的身体

体内涵的不稳定性和不确定性。同时这些研究也呼应了西方学界身体研究的现状，即"身体作为一项学术探究的对象，其兴起并不仅限于社会学，而是横跨整个科学"。[①] 但是不论怎样，这些研究已充分显示出身体这一新兴研究视角的价值，它令中国近现代社会变迁得到了一个不同的认识路径，而女性身体的从属性，中西方不同的身体观带来不同的堕胎认识，女性身体与法律、医疗、父系家族关系的不变性的这些研究发现，也共同提示出，女性生育的身体也具备着印证既有认知的作用和打开中国现代性问题新面向的可能。

二、海外汉学中的女性身体与生育

海外汉学中的中国女性身体研究显示出更为一致的问题意识。因其主要发生在反思现代性的西方学术语境之下，所回应、质疑或挑战的，则是有关"非现代"国家单一叙事中暗藏的霸权意识。

在触及中国女性身体的研究中，影响较广者数高彦颐的缠足研究。她呈现缠足的历史细节，并非为了考据，而是为了批评五四运动以来形成的受现代性影响的妇女研究方法，因为在这一方法指引下，放足被视为了妇女解放。她以大量例子证明，这样的"妇女解放"其实是通过男性的身体传达出来，或者是受到精英男性影响的女性的一种强势表达。因此，也成为了一个西方赐予的命题。[②] 高彦颐意欲通过缠足研究实现的，是对反缠足论述中的进步史观的批评。

① ［英］克里斯·希林：《身体与社会理论（第二版）》，李康译，北京大学出版社 2010 年版，第 37 页。
② 李蓉编著：《中国近现代身体研究读本》，北京大学出版社 2014 年版，第 80 页。

在她看来，这种对传统的批判与论述方向，本身就是一种性别政治与意识形态的建构。刘禾也质疑这一进步史观，她提出的问题是，缠足女性从传统的道德形象载体转化为现代强国保种的民族主义工具后，果真就拥有了话语表述权力了吗？[①] 杨念群指出，高彦颐刻意强调女性自主性的历史存在价值，其用意固然是为了对抗现代性支配下的性别压迫理论，但是，有点为反男权而反男权，仍在男权/女权的二元框架中重新调适二者张力关系。[②]

与缠足有关的痛感——一种疼痛的感官经验——也是高彦颐的研究主题之一，即有关缠足之痛的声音里，哪些是女性自己的声音，哪些是局外人带着同情之心为弱者喊痛的声音。局外人运用所谓"女性的声音"来反缠足，是否真正彰显了女性的主体性？高彦颐认为，"女性诉苦喊痛的声音愈响亮，以女性为主体的声音愈难彰显"，需要认识到"疼痛对建构女性主体或有具体意义"，并且在概念上发明一种新的不建基于"意志"或"声音"的主体性。[③] 与这一挖掘女性经验的多样性和差别性来质疑统一叙事的思路一致，俞莲实研究了另一种女性之痛在近代以来医学话语中的变迁，这就是"产痛"。西医进入之时将忍受产痛视为"非科学""受到压迫"，无痛分娩则具有"科学"和"妇女解放"的意义。由于采用何种方式分娩仍被掌握在宰制阶层和医疗人员的手中，"国家—医疗人员—女性"的权力关系并未改善，因此，俞莲实认为近代中国在吸纳西方医学的过程

---

① 李蓉编著：《中国近现代身体研究读本》，北京大学出版社 2014 年版，第81 页。

② 同上。

③ [美] 高彦颐：《"痛史"与疼痛的历史——试论女性身体、个体性与主体性》，载黄克武、张哲嘉主编：《公与私：近代中国个体与群体之重建》，"中央研究院"近代史研究所 2000 年版。

异见中的身体

中，因西方分娩法引入伴生的"女性解放"话语对于女性地位的改变只是表面的，既有的男女权力关系格局和女性在民族国家中的从属地位并未因此而发生实质改变。[1]

受后现代思潮影响的科技史与医学史研究中，中国女性身体作为"生育机器"的印象也受到质疑。白富兰以医案说明，传统中国社会中女性可能拥有一定的"生育自主权"，而并非全然是"生育之机器"，正统和医学都将母亲之命置于孩子之上，法律也允许堕胎。[2] 费侠莉则指出，在特定的宇宙观之下，中国人的身体被视为阴阳同体的存在。身体不属于个人自身，而属于更广大的社会秩序，是儒家家长制的基础，女性从属于男性，而男女共同属于祖先（因父权家族把"继组传嗣"作为婚姻生育的主要目的）。[3] 这对于理解中国女性的生育行为，而非将女性简单地定义为"生育工具"提供了另类视角和维度。旅居海外的聂精保关于计划生育的研究中，也指出强制生育政策并非如西方所说的那样。不能轻易地套用西方的人权模式解释。中国文化也非单一的，而是丰富的。[4]

触及中国女性身体的海外汉学研究，重在以女性身体经验的差异性与多样性，质疑单声部"现代"话语中的西方霸权意识，并以对渗透各种政治用意在内的女性解放话语的分析，来揭示女性主体

① ［韩］俞莲实：《分娩的"科学"：西方无痛分娩法与民国时期的产痛表述》，载《复旦学报（社会科学版）》2022 年第 3 期。
② ［美］白馥兰：《技术与性别：晚期帝国中国的权力经纬》，江湄、邓京力译，江苏人民出版社 2010 年版，第 250—252 页。
③ ［美］费侠莉：《繁盛之阴：中国医学史中的性（960—1655）》，甄橙等译，江苏人民出版社 2006 年版，第 281 页。
④ 聂精保：Behind the Science：Chinese Voices on Abortion. NY，Rowman & Littlefield Publishers，Inc. 2005.

性有待进一步发掘的现实。这对于理解中国现代化过程的复杂性以及认识妇女解放问题的艰巨性同样深具意义。

三、将"身体"引入生育法制研究

已有的研究已纷纷提示出，女性生育的身体具备作为切入与反思中国现代性问题的新视角的价值。但是，在一个重要的涉及女性身体与现代性之关系的领域——有关生育的法律变迁的问题上，却少见对身体视角的运用。例如，对于近代以来效仿西法的堕胎入罪与出罪，很多研究还是将其作为"法律移植"问题，取"传统—现代"框架下的"文化冲突说"来解释其中的曲折。[①]如堕胎入罪的效果不彰是因中西文化冲突、之后的修改也是受外力、他国的影响。对新世纪制定的《中华人民共和国人口与计划生育法》《中华人民共和国妇女权益保障法》中涉及生育权条款的研究，也多是从法律条文字面入手，进行抽象的权利论证。如公民生育权的依据、限制生育权的国家理由、生育权的男女归属以及单身女性生育权是否可以成立，等等。这些研究固然从不同层面、不同侧面建构和完善了我国的生育法制研究，但是却未将女性身体这一法律后果的承受方纳入视野，而法律所代表的国家意志与女性身体之间的权力关系的形态，以及自近代以来是否发生演变，是否具有某种内在的连续性等问题面向，自然也未得到充分展开。

生育法制在近代的建立以及变迁，自是中西方文化价值观反复

---

① 见唐华彭：《罪与非罪：堕胎在 20 世纪的中国》，载《江汉论坛》2011 年第 9 期；龙伟：《堕胎非法：民国时期的堕胎罪及其司法实践》，载《近代史研究》2012 年第 1 期。

异见中的身体

对话的结果，是包含了法制现代化在内的中国现代化过程的佐证。女性身体则成为铭刻这一对话过程和结果的载体，是研究法制现代化问题时的一个新的切入点。由此切题，也许也会破除权利研究的单一性和其中暗含的"传统—现代"对立二分的认知，获得对中国现代性问题的更为整全的认识，而辨析这些生育法制中蕴含的国家力量与女性身体的互动形态，也有助于我们更好的理解今日的生育现实。

激动与沉默:
清末民国时期生育控制话语中的女性身体

　　生育在一个强调子嗣的社会中无疑意义重大,女性身体也因负载生育之功能而显示其存在的重要性。但是,在未受西方冲击的漫长时代里,即便有围绕生育及相关事项如堕胎避孕的医药、宗教、法律等方面的言说,这类言说也只在服务于维系正统秩序的层面发挥作用,女性身体也只是因循常规的,历经与生育有关的各个周期。清末民国时期则不同。在这个面对强大的西方,贫弱尽显乃至民族几近陷于危亡的时刻,诸多原属以往社会之常态的行为都被重新审视、打量,甚至修改。关系到人口繁衍、牵涉性道德的与生育有关的诸般事宜,也前所未有的被拉到公共领域之中,在舆论、法律、社会运动等力量的共同作用下,融入现代国家的形塑过程之中。在这个不断构建意义、重塑观念的时期,生育的女性身体也因此而受到前所未有的影响。

异见中的身体

一、堕胎话语中的女性身体

1. 悖德之身

受到以进步、文明为标识的西方观念的冲击，诸多曾经流传于民间的习俗惯例开始被视为陋习，堕胎也是如此。堕胎原属民间常见的生育控制行为，这一行为虽非完全被社会认可——如明清后期对杀生的痛恨与认为中断生命自然过程有害的观念相结合，使很多医师在有一线生机挽救母子的情形下，都不愿意终止妊娠[①]——但也没有跃出生育的范畴，遭到集体的激烈反对。清末民国时期，国力与西方国家形成强弱的明显对比，渴望革新寻求改变的人纷纷转向对自身的检讨，堕胎也因此而进入他们的视域，渐渐被称为陋习。

称为陋习的原因在于，第一，有违人权。西方"胎儿也有人权"的观念此时传入，认同此观念者，自然严厉反对堕胎。如民国时期名医宋国宾在《医业伦理学》中就指出："胎儿自结胎以后，即有其生命与人权，且有其保障生命之权利。"婴孩既有生命与人权，故而任何流产或堕胎的行为都属侵害婴孩生命，系杀人之举动。基于此种认识，宋国宾认为："民众不得借口于保存较重大利益而牺牲无辜之生命；不得借口于牺牲一无辜之生命为保全一人之生命的唯一方法。"第二，有伤风化。堕胎者中，不乏性道德越轨之人。社会秩序混乱之时，希望重塑道德的人也以违反传统的男女大防的伦理道德秩序为由，反对堕胎。第三，有损民族前途。有人基于"民族强盛"

---

① [美]白馥兰：《技术与性别：晚期帝国中国的权力经纬》，江湄、邓京力译，江苏人民出版社 2010 年版，第 252 页。

与"种族繁衍"的立场,认为堕胎盛行将导致人口负增长、危及民族前途。如李紫衡就担心,"近世人事繁复,堕胎之风益炽,更有无耻之徒,既不明医理,复助长罪藉投机以营生,颇不乏人。每年枉死于若辈之手者,真不知凡几! 设不严令禁止,亦为民族前途之深忧也"。[1]

1930年,《首都市政公报》所载《禁止溺女打胎》一文更是反映出地方政府"培植民族繁衍以御列强人口压迫"的逻辑,文章称:"我国之人口,自前清乾隆以来,已由四万万而减少至三万五千万。揆以民族同化数多者胜之理,吾人已处于劣败地位,所以总理演讲民族主义,不惮多方引证反复阐明,以期中华民族之复兴是不特有赖于民族之质的改进,尤厚望于数的加增也。然而瞻顾四方,吾人之处境究属如何? 既遭帝国主义者之摧残,复受国内军阀之蹂躏,直接间接不知其牺牲究有若干,彼不识不知之同胞,何肆其残忍之手段努力于打胎溺女之恶习,以减少其人口之增加。"[2]

抗日根据地也订立过类似禁令。如,1942年,晋察冀边区颁行的一道命令称:"堕胎溺婴,不仅有违人道,且为危害民族后代的罪行……在此长期抗战过程中,对民族后代的保育,不惟有关抗战,且对于建国伟业关系更大……但是根据地各地的报告,自从去秋反扫荡以后,各地妇女鉴于携带婴儿打游击的困难,因而堕胎溺婴的事情反而比以前多了起来,而各地区公所与县政府,对于这种事情,有的轻描淡写略加批评批评;有的教育几天,就算完事。这样

---

① 李紫衡:《励行严禁堕胎之必要》,《医事公论》第 3 卷第 17 期,1936 年 6 月 16 日,第 5 页。
② 《禁止溺女打胎》,载《首都市政公报》1930 年第 57 期,"言论",第 3—4 页。

异见中的身体

轻纵，不啻助长了这种恶风，且将贻害于民族甚大，亟应严格加以纠正。"①

2. 罪错之身

为求改变，清末政府开启了刑律的修订工作。1907 年的《大清刑律草案》中，女性自行堕胎的行为被视为犯罪。因为"堕胎之行为戾人道、害秩序、损公益"，并且欧美日本各国法律都是将堕胎视为犯罪。这也结束了自唐以来（元除外）不为罪的历史。

清末修律中考虑将堕胎入罪，主要为与西方法律保持一致，而非完全从自身需要出发。在修法过程中，这一改动也曾遭质疑，例如，针对草案第 27 章"堕胎罪"，山西巡抚宝棻就提出异议，称"本章规定原为保全人道起见，但中俗妇女最重名节，因奸有孕、畏人知觉私自堕胎或处于不得已之行为，事属秘密，检查不易；况今年生计艰难，各省溺婴之风未息，其戾人道伤天彝较堕胎尤为过之。草案竟未议及，似觉疏漏"。宝棻对堕胎入罪所担心的，接近于今天所谓的"执行难"，属于立法技术层面的问题，即条文不合乎逻辑也不够完善——堕胎若为罪，溺婴更应成罪才对。尽管有此疑义，但是相比草案中其他条款的修改，如正当防卫和无夫奸是否为罪，堕胎罪引发的争议并不算大。最终，堕胎为罪的条款还是在草案中保留了下来，并延续到之后民国时期的刑法当中。

清末民国时期，原属家内之事和私人细事的堕胎被重新打量和评价，被视为陋习恶习，刑法也将其定为犯罪，无疑是当时内外交困的情势使然。在重新界定堕胎行为性质的过程中，女性身体不再

---

① 《晋察冀边区行政委员会关于堕胎溺婴案件均须依法科刑的命令》(1942 年 3 月 13 日)，韩延龙、常兆儒：《中国新民主主义革命时期根据地法制文献选编》第 3 卷，中国社会科学出版社 1981 年版，第 83 页。

只是完成家族生育之责的肉身躯体，而是忽然与国族形象、民族未来建立关联，成为"进步主义"人士眼中承载荣辱的符号和人口生产之源。这与将女性身体视为血脉存续家国稳固之基础的话语逻辑和所反映的女性身体的状态并无本质区别：身体本不是属于女性本身，由女性自身来支配，而是服从于家国的需要。而男性知识精英们常常成为这一认识的表达者。

刑律修订工作关乎国之未来，仅有少数男性精英可以参与其中。堕胎这一发生在家庭之内，由女性身体来经受的行为也因清末所处的特殊时机而进入到公共议事空间。堕胎显然不只是服务于家庭的人口计划，对于女性而言，也是有限自主的实现方式。但是，对于这一关系着女性身体自主的事项，却是完全由男性精英们来做出决定。而此时的修法者中，疑义集中于立法技术上，而不是女性可能因此受到何种影响，例如本属经济堪忧无力生养而导致的堕胎。认为堕胎应当入罪者也并非是将堕胎作为确切的恶行加以遏制，而是形式上与西方法律保持一致。堕胎的性质可以随形势而在议事者处得到更改和重新认识。

堕胎的陋习化，尤其是犯罪化，对于女性身体的影响是显而易见的。堕胎入罪后虽确实遇到"执行难"的问题，但是法律中规定[①]实施堕胎的医生将因此受到处罚，堕胎于是转入地下或由个人私自

---

① 如 1922 年 3 月北洋内务部公布的《管理医师暂行规则》第 19 页规定：医师不得因请托、贿赂伪造证书，或用药物及其他方法堕胎。违者，照现行刑律治罪。同年公布的《管理医士暂行规则》第 18 条也对中医做出规定：医士不得因请托、贿赂，伪造证书，或用药物及其他方法堕胎。违者，照现行刑律治罪。以上见陈明光主编：《中国卫生法规史料选编（1912—1949.9）》，上海医科大学出版社 1996 年版，第 621 页。

异见中的身体

进行，女性身体处于不确定的风险之中，如自行堕胎的方法之一是从江湖郎中手中购买堕胎药，但药物使用不当很易导致丧命。

二、生育节制话语中的女性身体

另一项令知识界颇为关注的便是当时的人口数量，以及与数量有关的人口素质问题。生育过多子女而无力抚养，自然会影响到子女所受教养。事实上，民间从来也有避孕的方法流传，借此可进行家庭内部的生育控制。民国时期，西式避孕措施进入中国，与此伴随发生的，则是由节育论者推动的城市生育节制运动。

然而，生育节制是为女性身体健康和女性发展考虑，还是为其他目标？民国时期的节育论者重在建构的是生育节制与民族卫生、国家生存的关系，即以振兴国家、维系民族命脉当作生育节制的目标。如朱自清就认为，生育一事牵系着孩子的未来和国家、民族的未来，因此不能对生育一事放任自由。"生育子女一面虽是个人的权利，一面更为重要的，却又是社会的服务，因而对于生育的事，以及相随的教养的事，便当负着社会的责任；不应该将子女只看作自己的后嗣而教养他们，应该将他们看作社会的后一代而教养他们"，[①] 而且他还提出使用"道德的制裁"为主、"法律的制裁"为辅限制身体不健全、经济不良分子的生育，以促进社会的进步。节育医疗工作者也强调"生育节制可以防止疾病的遗传，达到改良人种的目的"。[②] 总之，节育主张者把生育行为与孩子成长、国家发展、

---

① 朱自清：《父母的责任》，载《朱自清全集》第 4 卷，江苏教育出版社 1990 年版，第 73 页。

② 周钟慧卿：《为什么要办节育指导所》，载《中华妇女节制会年刊》1934 年 12 月，第 34 页。

民族优生、社会进步紧密联系在一起，把生育节制当作免除劣种的产生，增进国民健康的民族卫生策略。结果"优生节育""民族卫生"成了当时国民政府生育政策的思想基础。

女性身体在生育节制运动中于是也与民族国家的发展勾连在一起，成为一个可随时伸缩调整的工具性的存在。这与上述堕胎话语中的女性身体意象（沉默的、任人书写的对象）其实极为肖似。除却这种与堕胎话语一致的民族主义因素的影响，生育节制运动中还有一些新的因素在作用于女性身体，例如西方医学对节育领域的介入和药品市场在城市中的形成。那么，节育的医疗化及避孕药物的生产，对妇女的身体和生育行为会带来什么影响？避孕药物的推广是否会将性自由和身体自主权带给妇女？是否会改变家庭中的妇女的生育角色，或者是否会减轻妇女的生育压力？

在诸多力量影响之下，20 世纪 20 年代由知识界精英主导的以言论宣传为主的生育节制运动，到了 30 年代逐渐转变为由医务人员主导的医疗卫生运动，而医学工作者大多接受的是西方的公共卫生、民族卫生观念。他们开展节育工作的主要目的是改善生育卫生、提高儿童品质、保全母亲健康、增进国民健康。[1] 在此过程中，生育卫生改革也逐渐进行，即由专业化的妇科医生和护士（或助产士）开始负责妇女的孕期保健、接生、节育及各种妇科疾病的临床治疗。从前活动在生育空间中的旧式产婆逐渐被助产士和妇科医生取代，而后者所代表的近代医疗在建立医学权威的同时，也逐渐获得了对妇女身体和生育空间的支配权。妇女在生育或节育行为上的自

---

[1] 俞莲实：《民国时期城市生育节制运动的研究——以北京、上海、南京为重点》，2008 年复旦大学中国近现代史博士学位论文，第 345 页。

异见中的身体

主性和能动性也被控制和限制，妇女的身体开始成为医学权威的施展对象。①

三、启示

生育控制本身具有女性身体自主的意味。在清末民国这一特殊时期，一种寻求出路的急迫心理驱使握有话语权力的人不无"激动"地对生育控制行为重新做出评价，堕胎、避孕这类原属家庭内部、私人性质的女性行为开始受到来自国家法和社会舆论的重新打量，在充满焦虑的话语建构之下，这类行为不再是家内私事，而是与民族兴亡种族延续等宏大价值建立了联系。国家权力的介入以及现代医疗技术对生育事宜的接手，则使得以生育为纽带的"国家—女性身体"之间的生命权力关系就此形成。"家"的责任外还有"国"之使命，服务人口健康管理的公共卫生机构中的医学权威替代以往的产婆，共同作用于女性生育的身体，使其服务于新的权力体系。

因此，分辨施展于女性生育的身体之上的权力形式在近代以来的变化，实则构成了一个理解中国的现代性的视角，这一视角也有助于打开一些关乎中国近现代化过程的新的问题面向。例如，假若身体的自主是妇女解放的一个指标，是女性获得自由的象征，那么，这一现代化过程在何种意义、何种程度上实践着妇女解放？而梳理这一切，也能有助于我们更好的理解当下的女性身体的现实处境。

---

① 俞莲实：《民国时期城市生育节制运动的研究——以北京、上海、南京为重点》，2008 年复旦大学中国近现代史博士学位论文，第 346 页。

单身女性冻卵案：前景未明时刻的必要审思

一、被拒绝的冻卵

2018 年年底发生纠纷，2019 年 12 月和 2021 年 9 月两次开庭审理，2023 年 7 月向当事人发出一审判决书的"首例单身女性冻卵案"暂时落下帷幕，原告要求医院为其提供冻卵服务的诉讼请求被驳回，法院同时也不认为医院侵害了她的人格权（生育权的性质被认定为是人格权）。该案从一开始就引起包括有冻卵需求者在内的社会各界的广泛关注——在一个无须隐晦的低生育率背景之下，我国对于单身女性冻卵的禁令（原卫生部于 2003 年颁布的《人工辅助生殖技术规范》）是否可能有所松动？败诉结果并不出人意料。《人工辅助生殖技术规范》中明确规定"禁止给不符合国家人口和计划生育法规和条例的夫妇和单身妇女实施人类辅助生殖技术"，医院的拒绝确实有规章可依。在禁止单身女性冻卵的坚硬现实面前，诉讼的意义显然更体现在对社会性冻卵^①议题的搅动

---

① 社会性冻卵（Social egg freezing，SEF），指因"社会原因"选择的冻卵。除此之外，还有医用冻卵（Medical egg freezing，MEF）、临床冻卵（Clinical egg freezing，CEF）和偶然性冻卵（Incidental egg freezing，IEF）。

异见中的身体

上。① 败诉之后，支持冻卵权利化的法学观点再度浮现，以为修法提供理据，为决策者调整思路铺设台阶，当事人也称受到许多声援者的鼓舞，她将继续上诉。

由于关涉单身女性冻卵这项"新兴权利"的法律认定，且与社会性冻卵在低生育率背景下所预示的女性权利前景、生育方式、身体自主性等诸多重要问题有关，这一司法事件及其后续其实构成了一个可从性别与法律的关系视角来分析的经典案例。本文便是以此案例为基础，以努力与单身女性共情的方式，去理解社会性冻卵诉求背后的行为逻辑和深层困境，去分辨权利化论证路径对女性处境的揭示与遮蔽，进而推测社会性冻卵实现单身女性原初目标的可能性及开放冻卵可能带来的多重后果。

二、社会性冻卵实践：激进还是保守，赋权还是规训

女性对一切可能增进平等、拓展自由范围的技术都高度敏感并勇于尝试。人类辅助生殖技术（Assisted reproductive technology, ART）发展到成熟阶段后，冻卵很自然地进入部分单身女性视野。这一被美誉为"世上唯一的后悔药"，具有"储存生殖力"意味的技术，给单身女性想象和实践一种更自主的生活提供了可能。例如，可以缓解与男性因生育时间上的差别而产生的婚育紧迫感，以更从容自如的态度管理时间发展自身。从这一出发点来看，冻卵应当具

① 依据之一是 2002 年的《吉林省人口与计划生育条例》中即有规定"达到法定婚龄决定不再结婚并无子女的妇女，可以采取合法的医学辅助生育技术手段生育一个子女"，但案件却发生在近年。近年来，生育政策放开，并屡见有关专家和政协委员在媒体上呼吁开放冻卵。

有对女性赋权的作用。在更激进的层面，冻卵还意味着，借助体外受精，单身女性可以获得一种与性或任何伴侣关系相脱离的生育方式。这种生育方式在乌托邦式的畅想中，构成了对异性婚姻为基础的父权社会的隐形冲击，一个更独立自信强大的女性形象由此而"浮出地表"。我们不能说此案当事人是基于这种愿望而起意冻卵，但是对于这种畅想，很多女性应当能够心领神会。

有学者对单身女性冻卵认知问题进行了研究。[①] 在一个年轻女性用户为主的知名社交平台上，有不少实施跨国冻卵和想要冻卵的女性以笔记形式分享了她们的心声。研究者分析笔记，辅以访谈，最后发现，这些单身女性多是出于如下原因考虑和实施冻卵：管理时间、缓解大龄单身生育压力、平衡事业与家庭、家长催婚等。这一发现印证了上文中我们对于一般意义上的单身女性冻卵动因的想象，但在另一方面也透露出，这些女性冻卵或与我国家庭的特点如代际关系紧密、生育是一家之事，以及女性的特定社会压力有关。而且，这部分女性也无意借助冻卵来挑战或对抗社会结构中给予女性的各种约束与规训，对于她们来说，冻卵是缓解危机意识和生存焦虑的方式，是一种都市中产的新型"身体消费"。这一认知在观念的光谱上显然更偏向保守而非激进。至于冻卵的"缓解效果"，这一研究也指出，冻卵并不能真正帮女性应对需要面临的结构性压力，实施冻卵对于现代爱情关系的基本特征（如找到孕育共同生命的合适伴侣）也没有任何影响。在冻卵过程中，女性身体的生育职责和异性伴侣关系其实是被进一步强化了，即（冻卵的）身体的体验似乎给冻卵

---

① 见张文婷、谭璇璇：《暂时性的生育延迟：适龄婚育青年对于女性冻卵的认知研究》，载《当代青年研究》2021 年第 4 期。

异见中的身体

女性带来某种自觉意识和主体性，但这种掌握自己身体的自主权是暂时性的，与其说冻卵的身体是一种抵抗意识形态的"武器"或"工具"，毋宁说是冻卵唤醒了女性身体所需要承担的责任。冻卵没有打破父权社会所设立的男性与女性、文化与自然、工作与家庭的二元对立，甚至加固了父权制背后的一些传统观念。没有谁应当背负起"打破"或"颠覆"父权制之责，因此这一表述并不是为了发起对冻卵女性的指责而是让人们对冻卵的强化传统的一面多加留意，而对其可能有的激进一面抱有审慎的怀疑。

关于冻卵技术是否会给女性带来更多身体自主，医学人类学的发现也给出了一条思路。人类辅助生殖技术的确能造福怀孕受阻的男女，但它从一开始就是高度性别化的，被认为是一项"性别技术"。医学人类学学者朱剑峰称这项技术虽然对男性也不友好、对男性身体也同样进行着客体化的作用，但相比之下，人类辅助生殖技术对女性身体的侵入性远高于男性。[1] 比如女性要大量服用或者注射药物以促进排卵，并时时接受 B 超监测以确定卵泡的数量与成熟度，取卵则需通过卵巢穿刺的手术完成。这些医疗手段将女性身体和女性角色置于了生殖责任的主要承担者地位。而这种侵入性与对生殖责任的强调，与女性是已婚还是单身并无关系。对于人类辅助生殖技术之于女性身体的权力技术的研究具有鲜明的后现代学术色彩，从生殖技术到身体技术、到生殖规训或许只有一步之遥。不奇怪有女性主义者就认为："生殖技术的任何进展，都不过是将妇女的身体变成生命工业化生产的实验室，或将妇女子宫变成手术室。"[2] 另外，

---

[1] 见朱建峰：《医学人类学十二论》，上海教育出版社 2021 年版，第 86—87 页。
[2] 见李三虎：《技术与身体政治：现象学视角》，载《华南师范大学学报（社会科学版）》2013 年第 2 期。

在消费席卷的社会之中，有关身体的各种技术很难幸免于被商业化的命运，人类辅助生殖技术也是一样。对商业利益的追求会令技术给身体造成的痛苦、伤害与危险被尽可能淡化，让可知可感的身体变为一个无关痛痒的待修剪物件，比如"无痛"人流。冻卵技术假如全面开放，而监管措施又未跟上的话，是否也存在被商业化的隐患？在追求包括性自主、生育自主在内的身体自主的同时，似乎也需面对身体被不断物化和异化的可能，而这些负担与焦灼，也是全由女性承担。

男女两性生殖器官客观存在的差异，生殖技术的高度性别化，以及特定社会中的生育观念，都是在思考冻卵是否会增进身体自主时必须考虑的因素。被视为"激进"的女性主义法学家麦金农认为在性别不平等的社会里，女性对性的控制也难以达到与男性一样的程度。那么，对于那些不具有相当的性控制力的女性而言，堕胎手术的发展带给她们的是更多身体自主还是身体伤害就更需掂量。同样的道理，冻卵会给单身女性带来何种意义上的身体自主，也取决于我们当下性与生育领域的性别化现实。

三、法学的援手：社会性冻卵权利化论证

再看法律层面的问题。我国目前对生育权利的法律保障主要体现在《妇女权益保障法》与《人口与计划生育法》中。1992年的《妇女权益保障法》第47条（现第51条）中规定，妇女有按照国家规定生育子女的权利，也有不生育的自由。2001年《人口与计划生育法》规定，公民有生育的权利，也有依法实行计划生育的义务。冻卵案当事人指医院侵犯其人格权，也是以上述申明了单身女性生育

异见中的身体

权的法律作为支撑。但问题在于，法条中所称的生育权是否包含了单身女性以人工辅助生殖方式实现生育的权利以及为了延迟生育而冻卵的权利？答案并不是明确的。从单身女性生育权到单身女性"冻卵权"，中间还需填充论证环节——这一论证工作因牵涉到诸多新生的伦理问题而令许多顶尖的法理学家也只能谨慎为之。从已有的学界反馈中可以看到，目前存在这样几条权利化的论证路径：如从自我所有权概念出发和从权利的来源出发的论证。[①] 这是法学对诉求冻卵的单身女性给予支持的可行方式，也是研究者以专业姿态介入社会议题和政策制定的表现。

权利一词因其对自由的喻示而吸引众人，但是，将冻卵权利化的策略是否完全切合冻卵这项议题，或者说将冻卵论证为一项基本权利的思路，是否是从冻卵女性的具体处境出发的一条思路？之所以这样发问是因为，对性别化的社会现实缺乏足够考量可能导致新问题的出现。

一个可供参考的事例是自 2001 年开始、争论了数年的丈夫生育权问题。如前文所说，1992 年的《妇女权益保障法》中明确规定女性有不生育的自由。但包含有"公民有生育的权利"这一条文在内的《人口与计划生育法》于 2001 年出台之后，即引发了相当多的，依据此条，"夫以妻擅自终止妊娠侵犯其生育权为由"的诉讼。不同的法院因对法律精神理解的不同而做出了不同的判决。最后，最高人民法院以 2011 年 7 月发布的《关于适用〈中华人民共和国婚姻法〉若干问题的解释（三）》中的第九条来统一法院判决，即"夫

---

① 见 2022 年 8 月 6 日吉林大学法学院家事司法研究中心举办的"社会性冻卵：一种新权利主张？"研讨会会议综述。

以妻擅自终止妊娠侵犯其生育权为由请求损害赔偿的，人民法院不予支持"。但学理上的意见并不会因此而达成一致。运用法教义学的方法，一些法学家提供了如下解释：《妇女权益保障法》中规定的生育权是私法意义上的生育权，它让妻子可以用"不生育的自由"来对抗外界以及婚姻中可能占强势的丈夫的权利。而且，这一权利应当是绝对的，不需要经他人同意。[①] 换而言之，丈夫生育权的问题需要被解构，女性的"堕胎自由"需要被强调——前提是，婚姻家庭也是性别不平等蔓延的领域。

论争发生在多年之前，但论争中反映的问题对今天仍有许多参考价值。立法者对性别化的现实认识不同，可能制定出难以自洽的条文，引发争端。随后出现的诸多诉讼也从侧面印证了一些学者对生育一事上妻子处境的判断。立法者或是研究者需要对性别化的现实有"身在其中"的——用时髦之词便是"具身化"的体认，才可能给出适切的决策或观点。回到冻卵案的法理论证上，客观中立的将女性视为与男性同样的"人"，为其发展提供权利"护航"非常重要，对男女生理差异以及因此形成的社会差异深加洞察同样不可或缺。社会性冻卵权利化的思路很专业很"法学"，但在"具身化"地反映女性处境上，仍有不足。而且，二十多年过去了，性别化的现实是否发生了改变，发生了多大改变？有关的实证研究都应当与理论探讨同步进行。结合前文提到的女性冻卵认知研究，我们还可提出另一个相关问题，即法律究竟是需要改变对待冻卵的态度，还是需要调整对待女性的态度，才能更好地回应单身女性的生育困境？

---

① 见马忆南：《夫妻生育权冲突解决模式》，载《法学》2010 年第 12 期；周永坤：《丈夫生育权的法理问题研究——兼评〈婚姻法解释（三）〉第 9 条》，载《法学》2014 年第 12 期。

异见中的身体

父爱主义的禁令被认为没有足够尊重女性的身体主体，那么，在存在着"开放冻卵应对人口危机"的声音的氛围里，开放冻卵的法律观点是否可以被毫无保留地理解为是对女性身体主体的尊重？

四、生育：女性的多选题

冻卵与女性身体自主的关系绝不简单，与推进平等、实现解放一类更大命题之间的关系就更显朦胧难辨，这是由生育与女性权利、女性发展之间的复杂关系决定的。我们或许可以说，揭开医学、科技、伦理的诸层面纱，单身女性冻卵案实际上反映的仍是当前社会中的女性生存处境问题。

生育从来不应当成为女性的焦虑来源。生育也不应当是女性发展道路上的"麻烦"。令现代女性身陷生育困扰的，是一定社会中对待生育的态度以及与此有关的家庭内外的性别分工。为使女性获得充分而自由的发展空间，很多理论工作者致力于对生育意义的重构并据此来设计相应的保障制度。生育是否是不止于满足个人繁衍需要的社会化劳动中的重要一环？如果是，是否应当给予女性以价值相当的社会回馈？经济学式的衡量还不够，女性的发展还取决于身体的自主，不能决定是否生育，何时生育，生育间隔的女性，仍不可能真正意义上决定自己的人生。身体的自主又与性的自主、与亲密关系中的协商能力有关，而纠结隐忍妥协又常常长着女性的面孔，配合与顺从被视为了一种女性的自然。有女性主义运动提出与异性相切割的策略（与不婚不育保平安类似但不完全一样），性罢工，不生孩子，这庞大的构造是否就会对女性更友好一些？但这终于没成为主流。当人成为统计学意义上的关乎国家发展的"人口"，女性组织更是回避节制生育的问题，以免承担人口下滑这个沉重的责任。①以个体的方式来平衡发展自我与生育的关系，就成为现代女性依然面对的问题。社会性冻卵，不过是新瓶旧酒，外加更多不可测的后果。

"女性生殖的所有方面都不是普遍或者统一的经验，所有这些现象都不能脱离自己所处的社会情景框架去理解"，这里的社会情景，指的是国家、市场、社会运动、社会文化规范和社会不平等的权力关系。②对于单身女性冻卵的讨论也需放置到一国当下的现实中进行，比如生育率、对待生育的国家态度、经济发展情况、性别平等的状况等。任何单一维度的思路都有可能导致事与愿违，比如导致更深的焦虑与"内卷"。当然，这些疑虑并不构成不去争取的理由。女性在争取自主的过程中一向都是腹背受敌，雾中前行。相信女性，让一部分女性先尝试起来，并没有错。

本文原载"澎湃·思想市场"（2022 年 9 月 16 日）

---

① 见［德］罗伯特·优特：《避孕：性自由和孕自主的千年挣扎》，李文爱译，南方日报出版社 2012 年版，第 216 页。
② 见朱建峰：《医学人类学十二论》，上海教育出版社 2021 年版，第 82 页。

异见中的身体

单身女性冻卵权利化路径的反思

在为提高生育率而不断发掘生育意愿的背景下，我国的单身女性冻卵需求也开始日益受到关注——虽然冻卵并不意味着立即生育而是策略性的延迟生育，但这一举动毕竟证明了生育意愿的存在。在法学界，支持"开放"论者多是依照权利化路径去立论，并称冻卵为"单身女性生育权"。在权利意识不断强化的今日，权利化自会容易得到许多支持。但是问题是，部分单身女性冻卵需求是否就等同于单身女性生育需求，冻卵权是否就是生育权？更进一步，权利化路径是一种考虑了本土的语境与性别化现实，最终将推动性别平等和妇女解放的方案，还是一种架空了现实的抽象思考？本文目的便在于，对权利化这一颇具诱惑力且具有主流化潜质的方案进行探讨与反思。探讨与反思之所以必要，是因为作者始终认为，生育关系事大，冻卵更甚，有关这些问题的探讨，必须是在具体的语境中进行，例如，在当下中国现实环境中去理解"单身女性冻卵需求"的实质是什么，并且，无论何种有关生育的政策的调整，其目标都应是能推进性别平等和妇女解放。

一、我国单身女性冻卵需求的实质是什么？

冻卵技术最初是为生育有碍的已婚人士服务，属于人工生殖技术中的一环，后因被单身女性采用而具有了病理性治疗之外的意义与功能。借助冻卵，单身女性似乎可以通过"延迟生育"的方式消除婚姻和生育周期的压力，实现个人发展与生育"两不误"的人生理想。这于是也"消除"了通向男女平等的道路上，因生育而形成的影响女性发展的种种障碍。因此，冻卵所属的人类生殖技术也有"人类增强技术"之称。女性也因在此过程中体验到对生育以及身体的更强的自主性而具备重建主体意识的可能。在世界范围内，尽管存在争议，但仍有不少国家建立了适合本国的开放冻卵制度。在我国，单身女性冻卵作为一种"需求"主要是通过标志性诉讼（单身女性冻卵案[①]）和少数女性的实践（跨国冻卵）而被认识到。

但是，他国政策以及一部分人的实践是否意味着要以权利化方

① 2018 年 12 月，时年 30 岁的徐某向首都医科大学附属北京妇产医院寻求冻卵服务，各项健康检查结果显示身体状况良好，符合冻卵需要，但医院以其单身身份及非医疗目的为由拒绝为其提供冻卵服务。此后，徐以"一般人格权纠纷"案由将医院告上法庭，请求法院判令被告停止对其一般人格权的侵害，为其提供冻卵服务，并判令被告承担本案诉讼费。
本案在 2019 年 12 月和 2021 年 9 月先后两次开庭审理。诉讼中，徐某认为，其检查结果确认身体状况良好，符合冻卵需要，却遭到了医院拒绝。这种行为是对其女性身份的歧视，违背了我国妇女权益保障法对男女平等、消除对妇女一切形式的歧视等相关规定，侵害了其一般人格权。她还认为，婚姻只是实现生育的手段，不是前提，我国法律上并未否认单身女性享有生育权。
诉讼进行期间的 2020 年"两会"上，有政协委员建议"赋予单身女性实施辅助生育技术"，也有委员建议"禁止单身女性冻卵"。2020 年 7 月，国家卫健委在对政协十三届全国委员会第三次会议第 2049 号文件的答复函中表示，目前以延迟生育为目的，为单身女性冻卵不符合中国法律法规（转下页）

异见中的身体

式去满足所谓的"需求"？面对一种"需求"的存在，首先应做的，是透过表象去理解这一"需求"内蕴的实质是什么，其次才是寻求对应的解决方案。事实上，目前关于我国单身女性冻卵的实证研究还相当缺乏，在缺乏事实依据的情形下进行论证多少显得像是理论游戏，上文提及的冻卵之于女性的种种"益处"也像是一种美好的想象或纯粹的意念。而从有限的实证研究来看，单身女性冻卵在我国具有都市中产"身体消费""储存生殖力"的意味，冻卵动因则与个人发展和年龄压力下的生育焦虑有关。显然这种焦虑是高度性别化且带有鲜明阶层烙印的，它一方面证明了在婚育仍是主流的社会中，竞争的加剧，会让女性发展与生育职责之间的矛盾更为激化，另一方面，也显示出中产阶层在生育观念上的保守性。①

二、当下的性别化的现实

女性主义学者们有一个共同信念，那就是，任何研究若没有把性别化的现实考虑在内，它所得出的理论将无法解释他们所要理解的任何问题。② 那么，有冻卵"需求"的单身女性所处的性别化的现实是什么？我们可先从结构与制度层面略作认识。之后，再对冻卵

（接上页）有关规定。一是应用卵子冷冻技术存在健康隐患；二是为延迟生育为目的的卵子冷冻技术应用在学术界依然存在较大争议；三是严防商业化和维护社会公益是辅助生殖技术实施需要严格遵循的伦理原则。

① 更加需要重视的是此项研究的一个发现，即冻卵并不能真正缓解这部分女性面临的结构性压力。见张文婷、谭璇璇：《暂时性的生育延迟：适龄婚育青年对于女性冻卵的认知研究》，载《当代青年研究》2021年第4期。

② ［美］朱迪斯·贝尔：《女性的法律生活：构建一种女性主义法学》，熊湘怡译，北京大学出版社2010年版，第42页。

权利化路径是否回应了这一现实进行研判。

1.社会性别结构的现状

社会性别结构包括了一个社会之中两性之间及同一性别内部的权力关系。有学者指出当前的社会性别结构相比之前，出现了倒退迹象。[①] 其依据之一是作为"症状"出现的婚育观和相应的行为，例如年轻女性中流传的"不婚不育保平安"和抓紧机会结婚生子其实是问题的一体两面，诱因都是社会空间中性别不平等的加剧，前者是为所谓的个人发展减少不确定因素，后者则是重新寻求依然具有强大韧性的婚育文化的庇护。单身女性为了应对个人职业发展压力或婚育压力而产生的冻卵"需求"事实上也可视为这一判断的佐证。

在女性内部，因为所属阶层的不同也呈现出权力/利上的等差。生殖科技衍生出的代孕已清晰地显现出这种不平等。例如，一部分女性的生育需求可以通过低阶层女性"出租身体"的方式来实现。或者，在一部分女性有权利通过代孕的方式获得孩子的时候，底层女性的境况却可能是没有权利成为母亲。冻卵的出现，无疑也一样在加剧这种女性内部的不平等。

2.生育法制中的女性身体观

提到权利，我们首先想到的是一套完备的法制。我国现有生育法制（如《人口与计划生育法》和《妇女权益保障法》）中已有涉及生育权的条款。生育权本身包含了身体自决的权利，那么，现有的生育法制中所透露的女性身体观，便成为我们预见冻卵权利化进而法制化所可能产生的性别后果时的一个依据。《人口与计划生育法》

---

① 见戴锦华：《我仍然相信，清醒和智慧的必要》，"澎湃新闻" 2023 年 5 月 4 日。

异见中的身体

中有关生育权的条文，是规定公民与国家之间的边界：公民有生育的自由同时也有计划生育的义务。条文不涉性别与两性权力关系，但作为义务的"计划生育"意味着公民的生育行为也要服从于国家的人口治理需要，女性身体的自主自然也要服从这一要求，那么女性身体并非为了实践女性自主而存在，而是为了满足人口治理需要而存在。

更具灵活性的地方生育政策也可根据《人口与计划生育法》进行调整，即为了适应国家的人口治理需要而对生育行为进行激励，其复制的也是相似的、以人口治理需要为第一要务的女性身体观。《妇女权益保障法》以女性为权利主体进行法制构建，与在女性身体观上不甚清晰的《人口与计划生育法》形成补充，为女性抵御各方面的生育压力提供支持。但是，由于法律本身缺乏可诉性，这种支持所具有的更多的是一种象征意义。因此，现有生育法制中，女性身体自主是缺失或至少是尚未充分显现、未得到法律切实支持的。

三、单身女性冻卵权利化论证路径

目前主张冻卵为我国单身女性的生育权的观点，主要是依照如下路径来进行论证：

第一，作为自我所有权来论证 [①]

自我所有权（Self-ownership）或称个人主权（Individual Sovereignty），它主张个人拥有对自身及其能力的最高控制权，并免

---

① 见 2022 年 8 月 6 日吉林大学法学院家事司法研究中心"社会性冻卵：一种新权利主张？"研讨会上，吉林大学法学院张琼文的发言《社会性冻卵是可允许的吗？——基于自我所有权的论证》。

受其他个人或政府权力的支配。自我所有权最早由洛克提出。在他看来，"每人对他自己的人身享有一种所有权，除他以外任何人都没有这种权利"。[①] 自我所有权是一种个人主义概念，主张个人拥有对其自身或生命的最高控制主权。在自我所有权的状态下，个人对其自己的行动拥有至高的权威和主权，而免于任何政府权力的干预。这一概念也是个人主义政治哲学的中心思想，包括了废奴主义、利己主义、无政府主义、古典自由主义和自由意志主义在内。一些主张个人劳动成果为其私人财产的人通常也都将其论述根基于自我所有权上，并且据此推论出如果个人拥有他们自身、那个人也必然拥有他的劳动和劳动成果的观点。自我所有权这一概念意在限制政府的权力，强调政府的权力和权威仅限于以其他个人授权政府的程度为限，同时政府必须保持权力分散的权力架构，并且永远坚守"政府是替个人服务、而非指挥个人"的原则。

第二，参照阿隆·哈勒尔（Alon Harel）的权利理论进行论证[②]

冻卵或可视作一项新兴权利。一项新兴权利的主张表现为一个要求（Demand），这个要求要想成为真正的实在法上的权利，即成为实在法上的排他性理由，需要价值上的证成。以色列耶路撒冷希伯来大学法学院的阿隆·哈勒尔认为，在现实生活中，人们会对自己的利益提出各种各样的有价值的要求，但是这些要求有的能被划分为权利，有的却不能。在作为权利的要求与不是权利的要求之间需要一个区分的标准，以判定何种要求是权利。对于这一任务，他

---

① 张晒：《面向人类增强技术的分配何以正义——基于自我所有权的论证》，载《贵州大学学报（社会科学版）》2022 年第 4 期。
② 朱振：《认真对待理由：关于新兴权利之分类、证成与功能的分析》，载《求是学刊》2020 年第 2 期。

异见中的身体

又区分了辩护一项要求为权利的两种路径。一种是要解决比较哲学化的问题，即是什么使得一项要求 X 成为权利；另一种是要解决辩护难度比较低的问题，即是什么使得一项要求 X 成为更为基本的权利 Y 的一个实例（Instance）。前一项任务是要辩护法律上从未出现过的一种利益主张，可以说是完全新兴的权利类型，比如关于基因编辑的权利、动物的权利、死者的名誉权、冷冻胚胎上的权利，等等，辩护这些类型的权利需要全新的哲学论证。而后一项任务相对就比较容易了，它只是要判断一项利益主张的内容是否能归属于一项基本权利的子集（A Sub-set of Fundamental Rights）或实例，这是关于基本权利 / 衍生权利（Derivative Rights）关系的问题。一些新兴权利的利益主张在程度上不如第一种那么"新"，它们实际上只是基础权利的新类型或新内容，本身就可以被划归为基本权利，可以通过某种方式被辩护为来源于那些更为基础的权利。比如，同性婚姻的权利、单身女子的生育权、发表仇恨言论的权利等等，这些是否能被归属于权利，取决于我们怎么理解和界定婚姻、生育、言论自由等的核心内涵。[1] 国内法理学界中，就有朱振教授借鉴这一思路，从权利的实践推理维度进行论证，认为单身女性冻卵的要求是一项从生育权派生出来的权利，生育权证成了冻卵的权利主张，但并不能赋予其效力，这构成了法律改变的理由。[2]

必须注意到，上述两条国内法理学界所借鉴的冻卵权利化论证

---

① 朱振：《事实性与有效性张力中的权利——关于权利来源的审思》，载《浙江社会科学》2018 年第 10 期。

② 见 2022 年 8 月 6 日吉林大学法学院家事司法研究中心"社会性冻卵：一种新权利主张?"研讨会上，吉林大学法学院朱振的发言《冻卵是一项独立的权利吗?》。

路径，皆源自西方政治经验、建立于自由主义和个体主义思想之上，并且，这些论证方案的拥趸虽然不少，但反对者也不乏其人，如哈贝马斯就认为，人的生殖不仅仅是个人之事，也是共同体之事，人类利用技术对人之自然的控制理应划定一定的禁区。可见，在冻卵是否是一项个人的权利问题上，正反两派观点上的差别，实际上是对生育的认识及对技术与自然的关系认识上的差别，即技术对通常被视为自然行为的生殖的控制是否应有边界。另外，在女性主义视角下，具有自由主义色彩的权利理论从来就存在一种值得警惕的去性别化的缺憾：权利理论确实能帮助女性去争取与男性一样的权利，但是在涉及男性未曾经验的、仅由女性所经验、感知的处境时，将男女设定为一样的人的权利理论就暴露出了不足——尤其是在涉及怀孕、堕胎这些议题时，与性有关的两性不平等以及女性之间的不平等常常被遮蔽。

四、冻卵权利化的可能后果

在将上述权利化论证方案引入到我国单身女性冻卵议题之时，有几个与方案相关的争议点需要被再次强调：第一，权利理论出自个体主义思想和公民权利概念。这意味着，权利化的前提之一是存在政府与公民已形成明确边界，个人拥有身体自决权的同时，亦有足够的制度和结构性条件保证权利的正当行使。若制度性的条件不具备，则存在权利得不到保障如被侵犯与滥用的可能，而绝对的个体化则带来失序的危险。第二，自由主义立场的权利理论在涉及与性别差异有关的议题时，由于忽视了两性之间存在的、同一性别内部存在的诸多差异，平等一律的方案实际存在放任不平等发生的不足。

异见中的身体

前文已述，对于我国的社会性别结构，已存在着有所"倒退"的判断。现有的生育法制中，女性身体自主或缺失或保障不切实。在这样的性别化的现实下，将冻卵视作单身女性的一项权利，法律上予以许可，会带来怎样的结果呢？除却已有的本国性别化的现实，还需认识到一个基本的事实，这就是，生殖科技从来不是性别中立的。生殖科技本身就是社会结构和价值观的产物，是与民族国家相联系的性别技术。也许人们曾幻想人工子宫的诞生将解放妇女，但近年来在国内颇有知名度的日本社会学学者上野千鹤子在《父权制与资本主义》[①]中有个断言——人工子宫如果能实现的话，那么其管理和运用的权利将会落在男性手中。生殖技术的发展不仅不是不孕不育女性的福音，反而是父权制的乌托邦。也就是说，这下终于可以不再依靠女性这种可憎的动物，就能全权掌控再生产了。日本学者金塚贞文也曾在《人工身体论》中指出，生殖技术会带来将女性还原为"生殖机器"的危险。[②]虽然单身女性冻卵不等于被迫生育，甚至还因其是"女性自行决定"而具有女性自主生育的意味，但是生殖科技所具备的物化女性身体、服务民族国家的作为性别技术的一面，也是必须正视的。

于是，是否存在这样一种可能：在当前的性别化的现实下，将单身女性冻卵视作生育权或身体权的应有之义的权利化方案，虽在一方面满足了部分中产阶层女性缓解生育焦虑的需要，但在另一方面，则可能与既有的性别化现实相互助长，带来女性身体的生殖化，最终导向对女性生育责任的进一步强化。这与单身女性的寻求"身

[①] ［日］上野千鹤子：《父权制与资本主义》，邹韵、薛梅译，浙江大学出版社2020年版，第75页。

[②] 同上。

体自主""生育自由"的希冀相背离,与以发现生殖潜力、刺激生育为出发点的生育政策中的女性身体认知更相吻合。最终,诉求冻卵的单身女性所想象的平等发展的目标,反被生育责任所置换,少数人意愿的满足有可能并未带来群体利益和地位的提高,反而制造出新的"权利陷阱",拉大性别不平等,并且——进一步强化女性内部的不平等。围绕生育进行的女性身体操控是更为严重还是得到松解,需要结合现实做出更审慎的研判。

五、生育政策应以什么作为价值目标?

生育在今天牵涉关系复杂的多重价值,例如既影响国家与社会的发展,又关联到女性的处境和性别平等。这就使得任何与生育有关的决策讨论都要考虑周全且立足于本地特性和女性处境,成为一种有情境意识的讨论。

这根本上也是一个生育政策的价值目标的问题。关于生育政策的价值目标,一个朴素的表达是,我们是采取推进性别平等式的生育决策模式,还是采取拉动生育式的生育决策模式。前者是将女性视为与男性有同等发展权的主体,是以人为本的态度,后者则将女性主要视为生育的承担者,是一种工具化的态度。在今天,一个基本的共识应该是可以达成的,即与生育有关的措施,在实施结果上应是推进性别平等和妇女解放这两项有利于国家发展的目标的。社会学家杨菊华在 2023 年国际劳动妇女节接受媒体有关"女性友好城市"的专访时就指出,如果公共领域能做到同工同酬、两性能实现纵向社会流动的平等,私人领域能做到"家国共育""夫妻共担",女性结婚生育的意愿或许会有所提高。因为结婚生育与性别平等之间

异见中的身体

并非一定是相互对抗、互不兼容的关系，如生育支持就可以成为促进平等的一个抓手，因而也可以理解为内含在生育政策包容性中。我们不能强迫人们结婚生育，而应给予人们更多的选择自由，同时对于婚育当事人提供有效的、可供选择的支持。①

单身女性冻卵虽与实际生育之间存在不确定的时间差，但其所反映出的仍是生育意愿，可称为生育预备行为。有限的实证研究也揭示出，我国单身女性的冻卵意愿背后的根本性问题是落在她们身上的结构性压力，或者说，是无法回缩的性别平等、共同发展等现代价值与同样无法取消的生育愿望之间形成的冲突。单身女性冻卵需求所表达出的，正是发展与生育能兼顾并行的渴望。平等发展与生育这两个诉求不可分割也不应分割。因此，上述出发点——即任何生育决策都应当是结果上有利于推进性别平等和妇女解放——也应是思考我国当下单身女性冻卵议题的出发点。与此有关的法律应对方案若是以此为出发点，而不是依据表象进行某种权利建构，或许会更有利于缓解单身女性面临的焦虑与冲突。

---

① 戴媛媛、杨菊华：《女性如何缓解焦虑？建立家国共育、推动男性参与》，"澎湃研究所"（微信公众号），2023-03-08。

生育权概念的虚实之辨

使用但不辨析，是学界对待"生育权"概念的常见态度。在为女性赋权的语境之下，内涵更为含混更多歧义的女性生育权、单身女性生育权一类概念也应运而生并广泛流通。[①] 事实上，早在多年前法学界围绕"男女生育权之争"的研讨中，就有学者指出"生育权"概念"或属多余，或属不精确"。[②] 因此，当下的有关女性生育权、单身女性生育权一类的讨论则必然显得似是而非甚至焦点模糊。而与我国妇女解放有关的生育权议题讨论的不充分，也令妇

[①] 如 2018 年发生的单身女性徐某向医院寻求冻卵被拒案，被作为"单身女性生育权问题"来讨论；2023 年开始，多省调整生育登记服务管理办法，取消登记对象是否结婚的限制条件。此举也被认为是向"女性生育权"的回归。

[②] 民法学者朱晓喆认为，生育权就其本意而言，是宪法赋予公民的基本人权，不宜在具体民事案件裁判中直接适用。如从处理诉讼的角度而言，在现有民法概念体系里就可以解决冲突，不需要进行"生育权"概念的再造，我国法院民事审判中运用"生育权"来解决生育利益方面的民事纠纷以及在民法学上提出和讨论"生育权"这一概念，或属多余，或属不精确，将生育利益提升为一项民事权利也无必要。见朱晓喆、徐刚：《民法上生育权的表象与本质——对我国司法实务案例的解构研究》，载《法学研究》2010 年第 5 期。

异见中的身体

女研究显示出不应有的缺憾。鉴于此，本文不揣陋见，以生育权概念的法律渊源为起点，从历史梳理与中西比较两个方面，呈现我国生育权条文当前现状的实质，即未完成的现代性在生育法制上的表现。

一、生育权概念的法律溯源

我国生育法制建设始于世纪之交，作为严格法律概念的生育权，主要出自1992年颁布的《妇女权益保障法》（以下简称《妇女法》）和2001年颁布的《人口与计划生育法》（以下简称《人口法》）。前法第47条规定："妇女有按照国家有关规定生育子女的权利，也有不生育的自由"。后一部法律第17条中有"公民有生育的权利，也有依法实行计划生育的义务"的表述。两部法律都涉及"生育权"，但表述上存在较大差别且易引起理解上的争议，那么，为何会形成生育法制的如此格局？可先从生育法制建设的背景一探究竟。

1. 1992年《妇女法》：国家利益平衡女性生育自主

由于我国宪法在公民生育一事上的表述是"夫妻双方有计划生育的义务"，《妇女法》事实上成了直接对女性生育权提供保障的基本法。[①]《妇女法》的制定并在女性生育自由上做出如此规定的一个重要背景便是当时我国对国际社会做出了承诺，即签署了《消除对妇女一切形式歧视公约》（以下简称《消歧公约》），并承诺采取措

---

① 但此法并非赋予了妇女绝对的生育权，因为国家的相关规定以及是否结婚，都构成女性行使生育权和获得相关医疗保健措施时的限制。

施消除对妇女的歧视。① 但是，与《消歧公约》比照可发现，《妇女法》中涉及女性生育权的表述与《消歧公约》的要求其实存在出入。

首先，《妇女法》对妇女在支配生育上的权能规定得较为宽泛简单，不像《消歧公约》所列要求那样，涉及生育选择权、生育决定权、获得生育帮助等多项权能。在具体细则上，若以公约作为标准，那么《妇女法》中有如下几处易被"诟病"：一是对妇女生育决定权的行使上，设置了"需遵守国家规定"一条，二是在获得计划生育保健服务的主体上，限定为已婚妇女，如条文中规定，享有"安全、有效的避孕药具和技术，保障节育手术的健康和安全"的主体是"育龄夫妇"。而《消歧公约》要求，与生育有关的措施和保障应惠及已婚和未婚妇女。② 另有一项需特别注意的是，《妇女法》中明确规定"妇女有不生育的自由"，《消歧公约》中没有如此明示。

《消歧公约》认定女性应有选择权、获得生育保健和计划生育服

---

① 1979 年通过的《消除对妇女一切形式歧视公约》是联合国妇女地位委员会用以督促各国改善妇女状况、保障妇女人权的一项有约束力的公约。《消歧公约》要求：各缔约国"应采取一切适当措施消除任何个人、组织或企业对妇女的歧视"，"力谋妇女的充分发展和进步，以保证她们在与男子平等的基础上行使和享有人权和基本自由"。诸项措施之中包括了制定消除歧视与推进平等的相关法律。为贯彻《消歧公约》精神，世界上许多国家相继制定保护妇女的专门法律或在相关法律中规定了保护妇女的条款。1980 年，公约由康克清同志代表我国政府予以签署，经全国人大批准，于 1981 年 9 月生效，但我国对公约的个别条款予以了保留。《妇女法》于是在此背景下开始酝酿出台。

② 尽管在 2001 年的《人口与计划生育法》中有"各级人民政府应当采取措施，保证公民享有计划生育技术服务，提高公民的生殖健康水平"的规定，但从全文看，其着眼点仍是为已婚妇女服务。

异见中的身体

务之权利等多项"生育权"，并且强调国家在保障诸项权利得以实施上的职责，与西方世界女权运动发展所形成的女性现状以及个体主义思想、自由主义法律传统有关。在这一背景和思想传统中，公民权先于国家而存在，个人权利与国家权力之间存在不可逾越的藩篱。① 因此在逻辑上，女性对生育的控制也属于与其婚姻状况无关的基本人权，国家不可干预并且应当采取措施予以保障。并且，从公约的精神来看，控制生育的能力被认为对于妇女充分享有其他各项人权具有根本的意义。②

《消歧公约》将生育权人权化意味着该项权利具有绝对性。然而，进入现代，生育不只是关系到妇女其他权利的实现以及社会地位的变化，还与人口治理、经济发展、文化传统以及国际政治等诸多方面相关。生育法制于是难以与各国具体的政治体制和意识形态、妇女解放历程等因素绝对脱钩。我国在构建生育法制之时也必然需要在经济发展与人权保障、自主性与全球化、文化传统与普适观念等同样重要却内具张力的价值之间寻求平衡。因此《妇女法》在涉

---

① 有学者指出，《消歧公约》与《公民权利和政治权利国际公约》《经济、社会和文化权利国际公约》一样，是"冷战时期世界两大阵营激烈对抗和不同文化背景蕴含的价值观念相互妥协的产物，体现了人类试图超越意识形态的鸿沟来实现一体化道德价值和权利保护秩序的理想诉求"。然而，各种主客观因素决定了它们"对西方价值观体系的迁就和维护"，而"西方国家源于其自由主义的哲学、法律传统，基于在世界经济格局的强势地位，他们坚守个人权利和国家权力的藩篱，坚持基本公民权和政治权先于国家而存在的理念，坚持国家为公民所创设，其存在目的是要维护公民不可让与的基本权利"。见肖巧萍《协调中的差异——以〈消除对妇女一切形式歧视公约〉的眼光审视我国的〈妇女权益保障法〉》，载《湖南师范大学社会科学学报》2006年第1期。
② 陈明侠、黄列主编：《性别与法律研究概论》，中国社会科学出版社2009年版，第70页。

及"女性生育权"的条文中便有"按照国家有关规定生育子女"的表述，此处"国家有关规定"的意涵之一便是根据我国人口发展情况而提出的计划生育要求。妇女生育的人数和生育的间隔需要受到计划生育要求的制约。因此，生育的人数难以完全由妇女自行决定，而是要符合不断调整中的计划生育政策。而"生育权"在这一时期的法律规范中，之所以被视为已婚妇女的权利，则与婚姻生育一体的传统社会观念有关。同时，假如考虑到父权社会中女性生育职责的必然性的话，那么"（女性）也有不生育的自由"的表述其实内含激进色彩。女性不生育的自由意味着避孕或人工流产皆由女性来决定，它存在与夫权以及儒家社会中的妇女生育职责相对抗的意味，体现出对家庭内部两性关系的极强改造性，构成对传统家庭理念和设置的冲击和解构。

因此，虽然《妇女法》中有关"女性生育权"的条文并未与以平等与非歧视为目标的《消歧法》绝对保持一致，而是结合自身历史与现状，做出了变通，但这种变通里，有对国家利益的维护，也有在国家利益与女性利益之间做出平衡并对女性生育自由做出明确保障。因此，尽管显得粗疏和缺少可诉性，但一部基本法中有此规定，仍值得肯定。从之后在两性生育权纠纷中力主"生育权属于女性"的法学界学者的观点来看，他们也是借助《妇女法》来维护女性权利。如周永坤认为不生育自由是用以对抗"丈夫"，[1] 马忆南认为生育权是绝对权，是绝对属于女性。[2]《妇女法》确实在婚姻中建立起了一道保护女性生育决定权的屏障。

---

① 周永坤：《丈夫生育权的法理问题研究》，载《法学》2014 年第 12 期。
② 马忆南：《夫妻生育权冲突解决模式》，载《法学》2010 年第 12 期。

异见中的身体

2. 2001 年《人口法》：为国家干预家庭和个人生育行为提供合法性

《人口法》的制定工作于 1978 年开启，正式出台时已是 2001 年，时间跨度达二十余年。该法中有关生育权的表述是："公民有生育的权利"，但同时"也有计划生育的义务"。生育权主体与《妇女法》中的表述不同，是"公民"而非"妇女"。《人口法》与《妇女法》有此不同，与其诞生的背景及法律性质有关。

因在计划生育政策的实施期间，一些地方为制止生育采取过一些强制措施，造成了不良影响。[1] 国家需要以立法的方式回应来自外界的压力。另一方面，计划生育工作已实施多年，存在将其规范化和法治化的需要。如时任全国人大法工委副主任的张春生指出，《人口法》是国家政策的定型化，是把已经成熟的政策通过法定程序制定为法律，上升为国家意志，成为人人遵守的行为规范。[2] 计划生育工作的规范化与法治化表明计划生育工作被确认为了国家行为。即按照张春生的说法，这部法律为"家庭性或个人性的计划生

---

[1] 1995 年 7 月国家计划生育委员会下发《关于印发在计划生育行政执法中坚持"七个不准"的通知》，通知中规定："一、不准非法拘押、殴打、侮辱违反计划生育规定的人员及其家属。二、不准毁坏违反计划生育规定人员家庭的财产、庄稼、房屋。三、不准不经法定程序将违反计划生育规定人员的财物抵缴计划外生育费。四、不准滥设收费项目、乱罚款。五、不准因当事人违反计划生育规定而株连其亲友、邻居及其他群众；不准对揭发、举报的群众打击报复。六、不准以完成人口计划生育为由而不允许合法的生育。七、不准组织对未婚女青年进行孕检。"禁止事项表明现实中存在此类行为，因此也可借此"通知"对一些地方的过激行为有所了解。

[2] 见张春生对 2001 年《人口与计划生育法》的解读，中国人大网，http://www.npc.gov.cn/npc/c2223/200309/21b4d610f1b2445fba49494626871bcf.shtml。

育"转变为"社会性计划生育",为国家干预家庭生育行为提供了合法性。对于计划生育工作中的过激行为,该法亦是将其作为行政不合法的行为来对待,立法目标并非在于将女性视为生育主体,为女性生育权利提供法律保护,而是为行政行为树立规范。因此这部法律并不如规定有"女性有不生育的自由"的《妇女法》那样,具有为婚姻之中的女性控制生育提供法律支持,并以此平衡两性生育权利的作用,其宗旨实则在于强调公民计划生育之义务以及计划生育作为国家行为的合法性。但是,法律中出现"公民有生育的权利"一说,也意味着立法者在生育人权论与国家利益之间寻求着平衡。

由上可见,在国家发展需要和女性权益保护等多种因素影响下,我国形成了具有自身特点的生育法制。生育法制所构建的生育权模式具有如下特点:国家人口治理需要先于个体生育需求、生育权主体含混、女性生育自由上具有激进性。所以,这一生育权构造模式中隐含了诸多矛盾,女性生育自由的完全实现还需时日。如《妇女法》中的生育权条款虽具有对女性生育职责的解构性和家庭内部两性关系的改造意味,但有关女性生育自由的条款并不具有现实的可诉性,只带有宣告性质,因此对性别关系改造的力量其实有限,加之有《人口法》中"公民"为主体的"公民有生育的权利"一项横亘其间,女性生育自由的实现程度与女性在私人生活中的协商能力更为相关。《人口法》中的生育权相应条款并不涉及两性关系,只是笼统的规定抽象的人的生育权,同时还强调对国家利益的遵从。国家以人口控制、经济发展、优生优育为主要考量实行当时的"一胎化"政策因此而更具合法性,女性生育自主则难以借助此法而得到保障。

异见中的身体

二、生育权构造模式溯因

世纪之交形成的生育法制中所构建的生育权模式并非突生之物，其中所隐含的围绕女性生育的身体所形成的、国家意志为主导的生命权力关系有其形成的历史缘由。可从自清末民国时期开始一直延续到中华人民共和国成立之后的人工流产法律制度的变迁轨迹，以及民族国家建设与女性生育自主的关系这两个方面，对这一缘由略作探寻。

1. 人工流产法律变迁中的女性主体缺失

《妇女法》中所提及的"不生育的自由"自然涵盖女性以避孕、人工流产等方式控制生育的自由。《人口法》中规定公民有"依法实行计划生育的义务"，其中的计划生育，在方式方法上也主要指避孕与人工流产。因此，生育法制在女性自行控制生育的自由之前，设置了国家法这一限制，即需"依法实行"，在国家存在人口治理的需要时，女性也有配合进行生育控制的义务。这一立法模式中隐含的女性生育自主的非绝对性，在近代以来的有关人工流产的法律中同样可见。

近代以来，国家对待"堕胎"这一生育控制手段的态度几经改变，女性自行堕胎的行为因此也在入罪与出罪之间变化不定。清末修律之时，《大清新刑律》参照西法对堕胎予以犯罪化，结束了唐以来（元除外）堕胎不为罪的历史。经修订后公布的《大清新刑律》因清王朝的覆灭而未及实施，但其构成了之后民国时期有关堕胎的刑事立法的来源。整个民国时期曾先后实行三部刑法，三部刑法都将女性堕胎视为非法，辟有"堕胎罪"一章，并规定了惩罚方式。中华人民共和国成立之后，国家对人工流产也有过态度上的数次转变，例如在中华人民共和国成立的前几年，人工流产是受到限制的。但自 20 世纪 50 年代后期开始，国家态度发生了改变。一直到一胎化计划生育政策全面实行的这段时期，人工流产都被视为一种主要的控制人口的方式。①

近代以来与人工流产有关的条文几经修改，多是因受外交压力与意识形态之影响。②清末政府有"收回治外法权"的需要，因此以西法为参照来修订刑律。之后苏联在堕胎问题上的非罪化处理也对我国刑法产生影响。在法律变迁的过程中，堕胎或是作为野蛮落后的象征被趋向现代化的法律所禁止，或被视为旧社会与资本主义国家的特有事物以及有损道德风化而为新社会所摒弃。限制堕胎虽时以保护个体健康的名义进行，但在存在控制人口的需要时，包括堕

---

① 中华人民共和国成立之初，对于人口尚无相关法律。但是对于生育节制，出台的限制性办法或草案，显示当时对于生育仍是主张和鼓励的态度。1950年 4 月 20 日，中央人民政府卫生部、中国人民革命军事委员会卫生部发布《机关部队妇女干部打胎限制的办法》，规定"为保障母体安全和下一代生命，禁止非法打胎"。1952 年 12 月 31 日，中央人民政府政务院文化教育委员会答复卫生部，同意《限制节育及人工流产暂行办法》（以下简称《办法》）草案。《办法》还就实施绝育或人工流产的批准手续作了具体规定，并申明"凡违反本办法，私自实施绝育手术或人工流产手术者，以非法堕胎论罪，被手术者及实行手术者均由人民法院依法处理。"《办法》对出售节育药具的药方及购买者的资质做出了严格要求。从 1953 年开始，国家对待节育的态度开始发生改变。8 月 11 日，政务院指示卫生部帮助群众节育，并批准卫生部修订《避孕及人工流产办法》。《办法》称，国家提倡避孕，但不许做大的流产手术。做节育手术要经有关部门批准。小的人工流产手术休假 12 天。1954 年开始，出现了放宽避孕、支持节育的势头。1957 年 5 月 15 日，卫生部发出进一步修改人工流产及绝育手术的通知。1963 年 10 月 11 日，为贯彻1962 年 12 月中共中央、国务院《关于认真提倡计划生育的指示》，进一步放宽对人工流产和绝育的限制，卫生部宣布废止 1957 年《关于人工流产及男女绝育手术的通知》。以上见杨魁孚、梁济民、张凡编写：《人口与计划生育大事要览》，中国人口出版社 2001 年版。
② 唐华彭：《罪与非罪：堕胎在 20 世纪的中国》，载《江汉论坛》2011 年第 9 期。

异见中的身体

胎在内的人工流产行为则可获得合法性。法条修改的原因虽因时代不同而各有不同，但其中不变的线索则是，权力对女性身体的支配和女性主体的缺失。这一逐渐生成的国家与女性身体之间的生命权力关系，也延续到《人口法》制定之时。

2. 民族国家建设吸纳女性生育自主

在近代由知识精英发起的女权运动中，也包含了对于生育问题的思考。如 20 世纪 20 年代初，知识界曾发起节制生育的大讨论，当时在美国宣传节制生育的桑格夫人（Margaret Sanger）受蒋梦麟、胡适等学者的邀请来华进行讲学。桑格夫人节制生育思想对于传统的道德伦理和生育思想造成革命性的冲击，对于中国的妇女解放也不无意义。但是值得注意的是，在这一讨论中，知识界多是从利于民族国家发展而不是从利于妇女身体解放的角度来阐释生育节制的意义。[1] 而且，当时的舆论场也主要由男性主导和参与，女性的声音较少。换而言之，节制生育并非是将女性作为对生育有决定权的主体、从解放妇女的角度提出的主张，节制生育之所以得到关注，是因为关系到民族国家的建设。之后，在抗日救亡的背景下，节制生育的观点也作为资产阶级女权观点，被更重要的民族解放的话语所掩盖。[2]

女性的生育控制在近代妇女解放运动中并未构成一个核心主题贯穿其间，而是为民族国家建设所吸纳，转换为男性知识精英所主导的"生育自主"而存在——并在话语竞争之中让位于以争取民族独立为目标的妇女运动。涉及避孕与人工流产的生育自主的问题并

---

① 揭爱花：《国家话语与中国妇女解放的话语生产机制》，载《浙江大学学报》2008 年第 4 期。
② 参见罗琼、段永强：《罗琼访谈录》，中国妇女出版社 2000 年版，第 25 页。

未作为一个女性权利问题在妇女解放运动中被专门处置，生育自主所涉及的家庭伦理和性别权力关系也就难以发生根本改变，控制生育于是从儒家模式下家庭内部的人口计划行为，转变为了现代模式下从属于国家人口治理方式的问题。这一未曾得到本质改变的建立在国家与女性身体之间的"生命权力关系"也构成在一胎化计划生育政策执行时期强制节育行为发生的基础，并延续到世纪之交生育法制出台之前的计划生育政策的尾声时期。《人口法》中规定"公民有计划生育的义务"便是这一生命权力关系的抽象表述。而《妇女法》中规定的"女性有不生育的自由"虽有激进的法律作为支撑却无革新的性别文化给予支持，其实现需凭女性个体的协商能力，激进性与脆弱性实则并存。

三、生育权之争的两相对照

"生育权之争"作为现代的产物，置于比较的视野之中，将呈现出我国生育权议题的更多面向。

1. 西方生育权之争的面向

西方生育权之争有两个主要面向，一个面向是在人的解放意义层面发生的早期资本主义与宗教神学之间的斗争。在这一斗争的过程中，启蒙理性为资本主义对抗宗教神学获得对生育的主宰提供了依据，即人被认为具有自由意志，能自主决定自身的行为，做出合乎理性的选择。生育行为也包括在此"选择"之中。因此，有学者指出，"生育权的理论依据是个体主义，即赋予生育权主体依据个人利益的优先性自主行使生育权，是人道主义，即自然人并非生育的机器也并非生育的手段，生育与否以及如何生育是人格尊严、人格

异见中的身体

自由的体现。快乐主义即自然人是否行使生育权，全凭个人对生育行为的'快乐'和'痛苦'的判断。多元主义即任何人不得将个体的生育理想强加于他人，生育理想的差异应得到宽容与尊重……当代生育权的价值基础应定位于个人权利本位"。①

当人被认为具有自行决定生育的权利，也作为独立的"人"而存在的女性在生育上拥有权利就在逻辑上也成为可能，但是女性获得生育权中的"不生育的自由"却并非顺理成章。这便是生育权之争的另一个面向，即女性身体自主与宗教力量以及资本主义国家力量间的抗衡。女性堕胎在早期西方社会中被认为是对父权和夫权的危害，是对上帝的冒犯和对道德的违反。基督教的观念里胎儿即是生命的看法以及西方哲学思想中对胎儿的认识，② 极大程度上塑造了西方文化中的堕胎态度，直至启蒙运动兴起之后，相应的观念才有所改变。但是在此过程中，资本主义工业生产过程中对于人口再生产的需求，则使得女性的堕胎受到宗教之外的另一重力量的限制。"为了恢复理想的人口比例，国家采取的主要举措是对妇女发动一场真正的战争，这显然是要打破她们对自己身体和生育的控制。"③

20 世纪初，西方诸国的妇女解放运动参与者就认识到控制生

---

① 王歌雅：《生育权的理性探究》，载《求是学刊》2007 年第 6 期。
② 古希腊哲学家柏拉图认为胚胎不具备固有的生命，婴儿只有在开始呼吸时才有灵魂，亚里士多德在《论动物生成》中，抨击柏拉图的假说，认为在怀孕过程中胎儿就已获得了生命，雄性在受孕后 40 天获得生命，雌性在 80 天后获得。见［法］让-伊夫·勒纳乌尔、卡特琳·瓦朗蒂：《不存在的孩子——19—20 世纪堕胎史》，高煜译，中国人民大学出版社 2012 年版，第 4 页。
③ ［意］西尔维娅·费代里奇：《凯列班与女巫》，龚瑨译，上海三联书店 2023 年版，第 114 页。

育对于妇女解放的意义。但是，争取控制生育的自主权，虽是西方妇女解放运动的一部分，却并没有一开始就成为运动的目标。其中一部分原因是，当时一些欧洲国家的人口下降易与妇女解放联系起来，而妇女解放运动的参与者们不希望为此而"背锅"。经过长期斗争，避孕与堕胎在主要的西方国家中，已被确认为是女性的基本权利——尽管并非毫无争议。因此，生育权在西方世界主要表现为抽象的人的生育自主和女性的身体自决如堕胎自由。在司法实践中，生育权被定位为人类自由、隐私权或自决权，其背后的价值是个人主义和个人人格的尊严。与之相冲突的仍主要是宗教的传统观念。宗教对于胎儿的生命权的认识以及政党政治，也在继续影响着一些西方国家对待堕胎的司法态度。

2. 生育权之争在我国的表现

开启现代化进程之前的中国社会，并不具有将生育视为个人行为的社会条件。生育的权利化道路因此具有开启的被动性以及对于以生育为根基的传统家庭伦理的冲击性。生育权的法律构建也产生自特定背景，一是计划生育政策实行期间地方性的强制执行行为带来对女性身体的伤害，在人权意识逐渐普适化的过程中，女性身体不受伤害渐成共识；一是同时也被作为人权来认识的公民生育诉求。但是具有性别冲突意味的生育权之争发生在生育法制形成之后。

1992 年的《妇女法》第 47 条规定，妇女有按照国家有关规定生育子女的权利，也有不生育的自由。这是 1949 年以来首次对生育权进行立法，也是中国妇女在法律中正式作为生育的权利主体而非计划生育的义务主体出现。不生育的自由也暗含着堕胎属于女性的自由，国家不可强制，丈夫也不可以。这一权利在我国法学界被称为"广义的妇女生育权"，它包含两项性质不同的权利，即所谓

异见中的身体

的"积极的生育权"和"消极的生育权"。积极的生育权即按照国家有关规定生育子女的权利，是一项"对世权"，他人（自然人、法人、国家）对此承担不作为义务，不得妨碍妇女行使生育权。[①] 消极的生育权即"不生育的自由"，是一项调整家庭关系的权利，旨在保障妻子与丈夫平等的地位。这一权利与《妇女法》中第43条的规定正相呼应，即"国家保障妇女享有与男子平等的婚姻家庭权利"。与积极的生育权涉及的是国家与女性的关系不同，消极的生育权的社会功能是抑制丈夫在家庭中的"自然"强势，实现男女法律上的平等，防止妇女沦为丈夫生育的工具。这一项权利的主要权能是"采取计划生育措施"的自由，也就是说，法律赋予妻子不必征得丈夫同意的自由堕胎权，以及不必征得丈夫同意采取避孕措施的权利。

这条规定在出台之后就曾遭到"侵犯了丈夫的生育权"一类的质疑。由于我国并没有对丈夫的生育权予以明确规定的相关法律，所以当时也没有出现男方以自身生育权受到侵犯而对女方提起的诉讼。但是2001年，我国的《人口法》出台，该法第17条中有"公民有生育的权利，也有依法实行计划生育的义务"的明确规定。这条规定虽有抵制政府在生育领域内滥用权力、保护公民权利的意义，但是，由于法条中所称的生育权的主体是"公民"而不是"女性"，那么，作为"公民"之一分子的男性便可据此主张自己有生育权。

---

① 积极的生育权是一项基本人权，是公法意义上的权利，它对抗的主要是国家。作为积极生育权义务主体的国家，除了承担消极的不作为义务外，还要承担积极的作为义务，以保障妇女积极生育权的实现。在这一法律关系中，国家的"作为义务"包括两个方面，一是保护：国家保护妇女依法享有的特殊权益（《妇女权益保障法》第2条第三款），二是提供条件：国家采取有效措施，为妇女依法行使权利提供必要的条件（同前法第4条第二款）。

这与之前《妇女法》中构建的女性主导的生育权模式便发生了冲突。实际生活中，也开始出现妻子未经丈夫同意流产或未按承诺生育被丈夫起诉的案件，生育权的归属问题便以诉讼的形式提了出来，而我国的法理意义上的生育权之争，也在这个时候正式拉开。① 除因两部法律在表述上的差异而引发的夫妻生育权之诉和法学界就此问题而进行的诸多学术论争，当前还存在着随生殖技术的发展而出现的、融合伦理、道德、阶层、性别等更多因素在内的更为复杂的单身女性"生育权"之争。

比较之下，可以发现，生育权之争在我国既表现为个体生育意愿与国家人口治理需要之间的矛盾，也表现为两性在生育决定权上的争端，前者是进入现代以后，人被作为统计学意义上的人口来对待而必然衍生出的个体与国家之间的矛盾，只是这一矛盾会因各国情况不同而有不同程度的表现。后者则与特定生育文化下的女性观有关。因此，我国的生育权议题中实际层叠和集聚了近代以来出现的、尚未完全得到厘清且相互关联的诸多重要问题，如家庭的变迁、两性关系的演变、公权边界，等等。也可以说，作为一个现代性问题，"生育权"在我国所牵涉的议题和呈现的面向远比西方国家的"堕胎自由"要多和复杂。

四、尾声与讨论

梳理与对照便可知，生育作为权利来认知是现代的产物。而权

----

① 在中国知网上以"生育权"为关键词搜索论文，可以发现相关论文是从 2002 年开始呈逐年递增的趋势，数量达千余篇。

异见中的身体

利意识是塑造具有现代意义的社会关系和社会形态的要素。将生育视作权利，意味着将生育视作人之本性、天性并据此构建起的社会关系、社会形态也相应受到冲击。尤其是女性生育权即女性有不生育的自由，更具有颠覆传统的意义。"生育权之争"在中西方的不同表现，也是现代化进程与方式不同、生育的政治伦理意义以及妇女解放运动脉络等多方面的不同所必然呈现的结果。在我国，生育法制中所表述的生育权，也因对应的政治和社会语境上的差别分为两种次级形式，一是与受抑制的生育意愿相关的抽象的公民生育权，一是与妇女自主意识相关的女性的"不生育的自由"。两种权利形式并行且有重叠，并因传统生育权力关系的变革有限而内含冲突。

"生育权"在我国既有的词语使用情境中于是也表现出如下特点，第一即是上文所示的概念的含混。第二，便是概念的悬置。在我国，生育法制中的生育权概念的成立与人口增长速度需严格控制、生育意愿受到抑制的特定时代语境有关。一旦人口数量发生改变，生育政策放开比如鼓励与支持生育，公民满足多生育愿望意义上的"生育权"也就不再有具体的实指，成了一个空转的概念。循此逻辑，称放开生育或地方政策中生育不受婚姻的限制为向女性生育权的回归实属无稽，因其本质仍是人口治理需要下的政策调整，并不涉及国家与女性身体之间生命权力关系的变革，因为变革需要的是对国家与公民之间在身体权利上的边界、对生育一事上女性与男性的平等地位做出实质保障——不止如此，儒家传统社会中，女性是生育职责的履行者，到今天，女性还同时兼具公共生活参与和建设者之职，在生育完成上，她们所面临的问题也是全新而紧迫的，亟须国家和社会对于这一历史性转变过程中出现的生育完成上的困难给予回应。我们目前虽有相关保障性条文，但从条文到切实保障，还有诸多功课没有完成。例如生育法制应是一个涉及婚姻家庭、劳动法等多领域的，内在相互关联的整体并且要得到坚定的执行。否则各项放开生育的举措就难免给人以"生育功利主义"之感。第三，是"女性生育权"概念的脆弱性。梳理我国作为法律权利的"女性生育权"概念形成的过程可知，其作为"不生育自由"的实质是现代妇女解放意识的体现，对女性而言所起的作用是助其对抗家庭中的男性权力。但此项自由的实现既需要制度的切实支持，也需要社会生产力的发展、生活水平提高与女性意识提升等多种条件的配合。①

"如果说，从 1949 年到 20 世纪 80 年代改革开放之初，中国的性别与法律问题以女性争取和男性同等法律权利为目标的话，那么，到 20 世纪 90 年代，尤其是 1995 年第四次世界妇女大会之后，中国的性别与法律问题则转化为由过去抽象的、道义上的法律平等，向具体的、可诉性强的追求实质平等的方向发展。因此，中国的性别立法阶段可分为实现两性形式平等和由形式平等向实质平等过渡两个基本阶段。"② 我国性别与法律研究领域的开拓者薛宁兰曾如是概括我国性别立法的发展过程。生育权方面的立法也是以实现"实质平

---

① 20 世纪 80 年代末，曾有学者对中国妇女法律上的解放做出评价，认为"中国妇女社会权利的获得，是通过社会主义革命在立法形式上超前实现的。所谓'超前'，主要是针对社会生产力而言。按照社会生产力的正常发展规律，没有工业革命自发地将妇女带上社会，并在提高社会生活水平的前提下，提高妇女文化素质的社会条件，妇女自觉参加社会活动和在社会上实现自身价值的愿望都是不会产生的"。见李小江：《女人的出路》，辽宁人民出版社1989 年版，第 59 页。
② 薛宁兰：《社会性别与妇女权利》，社会科学文献出版社 2008 年版，第 47—48 页。

异见中的身体

等"为目标，但向现代转型的过程中形成的国家替代儒家父权与女性身体所建立的生命权力关系、女性生育自主未作为妇女解放议题被专门处置、稳定的家庭生育伦理以及与之相应的性别关系则是完善相关立法的过程中所需要不断面对的问题。

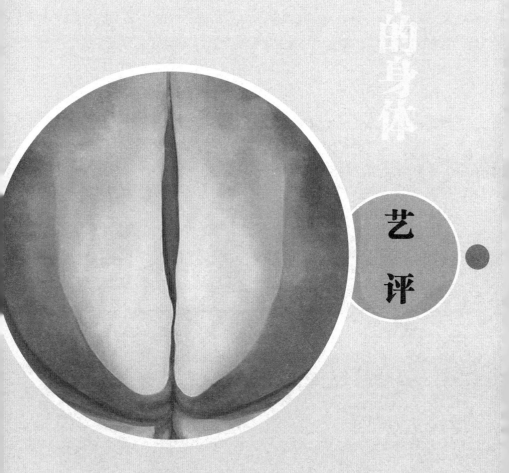

乐见中的身体

艺评

女性意识与"刁妇"逻辑的尴尬拼贴

——《我不是潘金莲》话剧改编中的得与失

1

女性创作者来改编《我不是潘金莲》，会有什么新意出现？这是鼓楼西戏剧出品的同名话剧最让人期待和感兴趣的地方。

小说原著为刘震云，男性作家。小说虽以"我不是某某"这一带有自我辩诬意味的名字为名，主要人物是女性李雪莲，但故事本身却与女性自我意识的发现或觉醒并无关系。

"俗话说得好，一个人撒米，后边一千个人拾，还是拾不干净。"这句题记的意象与小说主旨极为相符：荒诞的相互塑成与无限循环。村妇李雪莲为规避超生惩罚，与丈夫秦玉河约好离婚再结婚。没想到秦玉河中途变心，改与他人结婚。李雪莲咽不下这口气，想讨回公道，走司法程序起诉却败诉，再去找秦玉河理论时，被他当众揭"短"，讥为"潘金莲"。为证明是假结婚和自己不是潘金莲，李雪莲从此走上漫长的告状路，成为当地官员严防死守的上访专业户。她自己的人生也因此而彻底改写。

小说章节安排极具匠心。共分三章。第一章是"那一年"，从李雪莲私访法官王公道开篇，除必要的回溯外，故事按单一的时间线，迅疾向前。王公道依法判败诉，李雪莲不服，层层上告。种种偶然和必然之下，从上至下牵涉其中的官员都最终丢官受罚。第二章是"序言：二十年后"。二十年时间显出惊人力量。不断上访和截访让所有人捆绑在一起，滑向更为荒诞的结局。李雪莲的故事就此打住。但就在这末尾处，小说荡开一笔，讲起一个看似全新的故事，设为第三章，章节名却是"正文：玩呢"。也正是这最单薄、完全没提李雪莲的一章，尽显小说结构之精妙和技艺之精湛：上访开始被游戏化，无人在意其中真伪与意义。

可见，在原著小说中，作者所着力刻画的，是官场上诸多的丑形恶相以及官员们寄生其上的、人人无责又人人自危的官僚系统。李雪莲的故事虽占去绝大多数篇幅，但她的"假"离婚，被前夫辱为"潘金莲"，都只是一镜到底式现代版官场现形记的引子，她人生的变化轨迹，也是串珠绳一样的存在，有了这根绳，才能将各类各级官员的表演合情合理的串在一起，才能让各种小的荒诞建立联系，并且环环相扣，最终显影出那个掩藏在荒诞巨幕之后的权力怪兽。

李雪莲因此也只是一个工具性的存在。她的性别，她的被骂为潘金莲和想揭除这层污名……这种种设计都只是为了增加她的执拗行为的可信度和故事的荒诞性及戏剧性。至于李雪莲这个行动者作为女性的欲望或情感体验，并不是作者所关心的。它们的强度如何，也都不影响故事的成立和主题的揭示。

小说主要不是为了写作为"女性"的李雪莲，作者也更多的是按照"刁妇养成记"的逻辑来写李雪莲的特质：法盲、冲动、倔强、坚韧、偏执……甚至这个"刁妇"最后也与官僚系统捆绑在一起，

异见中的身体

成为更大的荒诞的一部分。这样的一个被世事折磨出来的"刁妇"自然也是让人充满同情的，但她主要是作为漏洞百出的制度和系统性腐败的受害者（不是作为男权文化的受害者）而被同情。

这其实就留了一个重要题目给身为女性的改编者：李雪莲仅仅只是这样一个被官员们"黑化"了的"刁妇"，只有刘震云写出来的那些面相吗？李雪莲这个人物身上是否还有其他可供挖掘的女性经验或女性特质并可据此重构一个故事，一个结结实实的关于"女性李雪莲"的故事？话剧《我不是潘金莲》的编剧显然意识到了这个改编策略。

2

小说着力刻画官僚系统，话剧将故事重心放在了李雪莲的情感生活上，如剧作提取了李雪莲与秦玉河、赵大头两个男人之间的情感纠葛并将其作为主要情节，删去了在小说里花费较多笔墨的官场生态部分。小说中李雪莲与诸多男性官员有过交集，剧作仅保留了她与王公道打交道的部分。

小说是作者的全知视角，话剧则以李雪莲的自述开篇。从女性大写的"我"发出的疑问、怨叹、控诉、自励……贯穿于全剧始终。例如，当她发现再次上了男人的当（前是秦玉河后是赵大头），她不只是像小说中那样坚决离开赵大头，还像一个不屈的女战士一般进行战前的宣言／独白："该死，不论我多么疲惫和厌倦了这一切，我必须硬撑着站起身来，接着找到属于我的那件外套。必须把我的胳膊伸进袖筒里，必须用围巾把我自己包裹起来，好抵御夜晚的风。我必须离开这里。他们找不到我，我会在树篱下睡觉，喝阴沟里的水，我会死。不管我多么疲倦，不管我多么精疲力竭，我都必须强迫自己离开这里，去赶最后一班车。"

小说中的李雪莲只是一个出生底层的无权访民然后碰巧性别为"女"，话剧却充分发掘了她作为女性有欲望有情感和果决、干脆、有行动力的一面，让她的形象远较小说中的李雪莲立体饱满。如剧作开场就是秦玉河追打偷窥父母性事并在外张扬的儿子有才，而李雪莲却对此持一种无惧流言的坦然态度："孩子有啥错？""爱咋编排咋编排，这不透着咱俩的好吗？"房子不够用，李雪莲满怀信心地说"俩大活人，还能让尿憋死了？挣呗！"李雪莲也非常疼惜秦玉河，反对他开夜车，怕他出事。为了强调李雪莲对秦玉河的感情，话剧里还增加了两场小说中没有的二人对话，一场在李雪莲"情定"赵大头之后的梦境里，一场是得知秦玉河车祸身亡之后的幻觉中。话剧里的李雪莲显出了对秦玉河的更复杂矛盾的情感。

更有意味的是，小说中的潘金莲这个符号，在话剧中变为具体角色，担负起了更重要的职责。

中国文化里，大约人人都知道"潘金莲"的所指。在《水浒》《金瓶梅》这些传统叙事中，潘金莲是背负杀夫恶名的淫妇。她之所以需要被武松以为兄长复仇的名义来虐杀，是因为她的欲望跃出了男权社会为她圈好的藩篱，显出了极其危险的毁灭性的力量。杀一儆百，"潘金莲"于是成了男人给女人树立的反面典型。女人一旦被贴上这个标签就等于被宣判了死刑。然而"潘金莲"这个符号又投射出男性阴暗畸形的心理——她充满魅惑，是男性欲望的对象，这种欲望甚至可能造成男性之间的互害，而男性联盟又是男权社会得以稳固的基础不能被破坏。武松们或许也是出于对自身欲望的这种恐惧而将潘金莲锚定为了罪恶源头。杀死了她，自己也就清白轻

异见中的身体

松了。

至于潘金莲本人的声音，她被当作物品买卖转手的屈辱，她在婚姻中的压抑与不幸，她作为正常女性的欲望和情感需求，在正统的叙事中是听不到或不具有书写的正当性的。只有在将女性也视作与男性一样的人的、具有反思意味的现代语境中，潘金莲才开始被视为男权社会中的受害者，潘金莲自身的欲望与情感才获得了正当性。

小说中，"潘金莲"是作为杀伤力极大的污名，作为李雪莲所遭受的种种"不公平"中的一种而存在。同时，它也是整个看似荒诞的故事情节得以顺理成章延续下去的关键设置：李雪莲本来已准备放弃追究开始新生活了，可偏偏就是去找秦玉河论理的那一次，后者的一句"你就是潘金莲"又激起了她告状的决心并且一告就是二十年。还有什么是比秦玉河变心对她伤害更大的事？那自然是用"潘金莲"来羞辱她了。那是一个遍布熟人的社会，"潘金莲"的舆论一起，李雪莲就要背负一生的耻辱。

这一符号在原著中的另一层作用是进一步凸显荒诞。李雪莲决意证明自己不是潘金莲。她以为，唯一可以证明这一点的就是秦玉河，因为在婚姻之中她是完全忠实于他的，但是，秦玉河是在"非处女"的意义上称她为潘金莲，就算秦玉河道了歉，她的隐私已经在他人口中流传，名誉已永远无法修复——除非改造两性不对等的贞操观。对不可能实现之事进行追究自然荒诞。

话剧中，潘金莲好似一个不死的含冤幽灵一样出场并与李雪莲有过两次对话，所起的完全是小说中没有的另一重作用：李雪莲认识自己女性处境的一个重要参照。而前文中提及的、对李雪莲的女性欲望和情感生活加以强化的改编策略，也具有要为"潘金莲"所代表的女性欲望正名的意味。

于是，话剧《我不是潘金莲》确实是像要讲述一个欲望强烈能量饱满的女性因情感创伤而开始对女性处境加以认识和反思的故事。李雪莲的遭遇也不再只是一个"反腐倡廉剧"的引子和线索，而是成为这个女性不断认识自己的一个契机，一个开始。那么，这个带有重构意味的改编故事讲得怎样？

<h2 style="text-align:center">3</h2>

和赵大头"定情"之后，李雪莲梦见了秦玉河。梦中的秦玉河重复着赵大头劝李雪莲放弃告状的话。李雪莲在决定是否再嫁之前做这样一个梦，一方面像是受了赵大头的话的影响，动了放弃的念头于是"夜有所梦"，另一方面则像是对秦玉河的旧情难忘和对改嫁赵大头仍心存不甘和愧意——改嫁需要经过梦中与秦沟通，经过秦的同意才行。秦玉河死后，李雪莲与他的亡魂也有一段对话，对话中，秦玉河以与曾经的冷漠无情截然不同的另一副面孔出现。他与李雪莲相互疼惜，回溯两人初相识的美好，大有一泯恩仇夫妻和好之意。这当然是李雪莲的一厢情愿和情感上再次"示贞"的证明。两段增设的对话，细化了李雪莲的情感世界，也强调了她的守贞意识。

另一个证明了话剧中的李雪莲比小说中的李雪莲有着更强守贞意识的，是她的自杀理由。小说中，她选择自杀虽然也因"蒙着羞"，但主要是因为自己二十年的告状已成了笑话。但在话剧中，她自杀之前，曾对秦玉河的亡魂不断辩白自己："秦玉河，我是李雪莲，我不是潘金莲！"李雪莲与潘金莲有两段对话，第一段对话中，

异见中的身体

她也不断地强调自己与婚内"苟和西门庆"的潘金莲不同："我一心一意和秦玉河过日子，没有二心。不是淫毒之妇"。第二段对话，也是发生在自杀之前。对话中，李雪莲极其厌恶潘金莲的追缠，想要抹去身上背负的这个符号。她对潘金莲大喊，"今天我就用这条命来换，不再有女人被叫做潘金莲！"

于是我们看到的话剧中的李雪莲的故事，是一个女性不断打官司和官僚系统缠斗并试图以自杀方式自证清白的故事。这个女性故事里的李雪莲确实比原著小说中的李雪莲情感更丰沛，形象更具体，但也更接近一个被传统叙事所推崇的贞洁烈女。这样的女性形象的确也具有现实的合理性，问题是，编剧真的只是想写这样的一个女性故事吗？

编剧显然不满足于此。她也试图借李雪莲的故事来反思女性命运。否则，不必借潘金莲的话笑话李雪莲，道出二人皆无自由的现实，"瞧瞧，瞧瞧，这不也没人信你吗？……为人莫作妇人身，这人间的苦乐由别人定。"对男权文化以潘金莲的符号来打压女性欲望的招数，对女性在男权社会内部去抗争污名的无用，编剧也是有清醒认识的。再看前文中提到的李雪莲自杀前对潘金莲的喊话："今天我就用这条命来换，不再有女人被叫做潘金莲！"这句台词的涵义其实非常含混，用命来换，换什么？换得自身的清白吗？但"不再有女性被叫做潘金莲！"又是何意？用自己的死来提醒世人，"潘金莲"这个污名对女性的伤害？但是，在剧作里，又并没有足够信息显示李雪莲对此有足够的觉悟。那么，就有可能是编剧在李雪莲这个守贞者身上加上了自己对于贞洁话语的反思，这样，台词中的含混才可以得到解释。

由此也看到原著对于这一赋予李雪莲女性意识的改编思路的强

大牵制：为刻画官僚体系而设定的李雪莲，最适合以无权无资本的"刁妇"形象出现，然后再辅以设计巧妙的种种偶然性，让后续的种种官场荒诞行径严丝合缝地铺展开来。当这样的一个故事逻辑及其意欲展示的主题备受尊重地保留在剧作里，那么，由女性自己言说故事，并且构设"潘金莲—李雪莲"这样的历史镜像开启女性自我观照、自我探索之旅的创作思路就很难充分施展开来。那些增设的有关女性欲望和情感世界的部分就只是具有装饰效果，或者，最后在商业包装下再度沦为一个以女性身体作为"偷窥"对象的浮夸"卖点"。

本文原载《上海艺术评论》2023 年第 2 期

异见中的身体

作为内窥镜的母女关系

——对近年几部女性导演作品的分析

1

女性电影中的"女性"一词，应被理解为一种差异性的存在。并且，这种差异性的存在的生存经验，长期以来被一种所谓主流的、整一的叙事所掩盖，不曾被发现和诉说。对这种差异性的经验拥有高度自觉，并以主体的姿态去呈现这种经验，使其成为所谓"主流"叙事之外的与之相抗衡的异声，就成为女性电影的一个共同特质。

在男性占据言说者位置的社会里，男性是主流的同义词。主流叙事所反映的，就不只是男性的性别化的身体所感知的外部世界，更有与性别化的身体所处的权力位置相关的感知习惯，比如将女性作为欲望客体来凝视。因此，表现差异化经验的女性电影也就天生携带反叛的、解构的基因。从所表述出的外部世界景象到织成这一景象的视听语言，女性电影都应当有其独特的精神气质。

艺 评

2

女性电影中常见母女主题。如近年中国女性导演的作品中，有杨明明的《柔情史》、杨荔钠的《春潮》和贾玲导演的《你好李焕英》，都涉及母女主题。即便不是作为主题，母女关系也在女性电影中时有提及（如滕丛丛的《送我上青云》）。

和父子之间多是压服与抗争这一父权社会中常见的权斗关系不同，在男性占据权力者位置的社会里，母女之间有着更丰富的戏剧。首先是女儿（而非儿子）的出生，会在重男轻女的社会里，成为母亲的一个过错。母女因此而互为彼此的伤痕——被男权社会在女性纽带上人为刻写的伤痕。蕴藏着冲突可能的母女代际关系中，于是渗入了不可预知的女性情仇。围绕着男性，在男性注视下的生存，让母与女可能相互理解与扶持，也让母与女可能在暧昧的相互嫉妒之中衍生仇恨甚至角斗。

母女主题里，于是不只是有与男性存在差异的女性，还有关系幽微的两代女性。前者只是有别于男声的女性单一声部，后者则是在女性这一声部里又加入了变量，构成了一个复调的女性叙事。幻化无穷的母女关系所烛照出的，是男性权力在女性世界投下的层层荫翳。所以，母女主题应当是女性电影的当然主题。而女性导演对母女主题的偏爱，也如同对双女主故事的偏爱一样，应当有着与女性身份相关的潜意识诱因。在最终作品的呈现上，她们也应当有着与男性导演不同的视角和洞见。

本文于是将分别以《你好李焕英》《柔情史》《春潮》为例，来探讨女性电影与母女主题之关系：三部作品，在母女主题和女性电影

异见中的身体

的探索上，分别做得怎样?

3

《你好李焕英》的故事发生在女儿贾晓玲与母亲李焕英之间。

晓玲一直为自己过于平庸不能给母亲长脸为憾。一次母亲因交通事故入院，晓玲借助医院里的一个时间通道，回到了母亲还没结婚的青年时代。为了弥补母亲的遗憾，她利用自己全知的优势，在这个 80 年代的过去时空里竭力去改变一些事实。她帮李焕英买到全厂第一台电视机，试图帮李焕英赢得排球比赛，她还想左右母亲的婚姻，让母亲选择厂长儿子做男友，从而拥有他人眼里的成功人生，哪怕自己将因此而不再出生。

但晓玲最终发现，原来李焕英和她一样，也是穿越过去的。洞悉女儿心意的李焕英只是为了让女儿开心而在配合着她完成一切编排。此时也到了影片的泪点时刻，那就是母女二人在过去时空里的相认，晓玲于是懂得了，在母亲眼里，自己的快乐胜过一切，母亲对女儿的爱，也永远胜过女儿对母亲的爱。

片中，母亲和女儿是绝对的两个主角，故事也围绕着误会消除、母女和解的线索来推进。但是，我们却不能说它是一部母女主题的女性电影。

因为在整个故事架构里，母亲李焕英和女儿贾晓玲，都只是作为母\女这样由血缘关系派生的一组伦理身份而存在，这两个角色在影片中的叙事功能也仅与这一身份有关，而与她们各自在男权社会中作为女性的处境和经验并无太大关系。

但是事实上，仅仅是"计划经济时期的工厂女工"这一社会身份就已足够让李焕英这个女性角色与宏观的社会结构建立叙事联系：那时，单位尚且提供育儿照顾，女性被鼓励投入社会化生产，这给李焕英们带来了投身公共建设的价值感与平等感，也提升了她们的生活自主性和在家庭中的地位。剧中作为笑料出现的排球队队名——"（打）铁娘子"，就是那个特定时代骄傲自信的女性精神的再现。

至于后来的转型时期的下岗潮是否会波及她，影片没有表现，但我们可以合理想象大潮席卷之下的她的可能命运。这样的转型与落差，一定会影响到为人妻母的李焕英的处境，这是一种被社会征用之后又被残酷抛弃，继而地位塌陷、无声无息地被牺牲的困境。

这种困境有着鲜明的女性属性，这样的李焕英因此而是一个社会性别意义上的女性，而不仅仅是一个漂浮在时空之外的空壳母亲。贾晓玲这个角色也一样，唯有置于具体的性别化的现实之中，她的作为女性的处境才显现出来。李焕英与贾晓玲之间的故事，才会是刻画着时代纹理，烙印着女性经验的母女主题的故事。

但在这部显然不追求深刻的影片中，时代多数时候只是笑料的来源和元素，是背景板一样的存在，母女二人的性别经验并非叙事所倚重的元素，母亲与女儿之间的故事，只是一个讲述方式稍显新意的、有些感人的亲情故事，其主旨在于对母爱与母恩的喜剧化表达和自我告慰式的歌颂，而不在于对二人所共有的作为女性的处境以及与具体处境有关的母女关系进行揭示。女儿爱母亲，母亲更爱女儿。没有比这更朴素动人的中心思想，也没有比这更空洞悬浮的主题了——当女儿和母亲只是一个肉身符号而非储存了时代记忆、具有时代特征的女性实体时。这样，影片中的所谓母女冲突，也不

异见中的身体

过就是两人对爱的理解上存在误差，"冲突"的展现，是为了服务于"歌颂"这个主题。这样的"冲突"，甚至谈不上需要和解。

4

杨明明自导自演的《柔情史》里，深描了一对母女的日常。

女儿，是入不敷出的年轻艺术家，租住在破落四合院的一角。丧偶多年的母亲，因为厌恶照顾她年迈的父亲，强行搬来与女儿同住。都很贫穷、没有希望，却又被迫共居一室的两人之间，战火一点就燃。母亲对女儿施展着熟悉的挑剔与控制，从大便形状、屁股下垂到该和哪个男人结婚。女儿忍受不了，便更刻薄地回敬，或是躲去男友家。影片就是这样，并没有一个核心的所谓"故事"，而是仿佛偶然地，从这对母女的生活里截取了一段时间，一段刚好各自都很落魄的、被迫共处的时间。

影片有三个段落，分别以奶、羊蝎子、瓜作为标题。这是三种在影片中出现过的食物，是片中的女性角色贪婪享用过的。我们不难理解这是欲望的隐喻（是否还记得《无穷动》里女人们啃噬鸡爪时的高潮一幕），那么，是什么样的欲望？

成为女人的欲望。

要么被男性吞没，要么成为女人。影片对女性存在之困境，有着清醒的自觉。在女儿这里，她的存在困境，首先是以生存困境表现出来的：坚持艺术理想，不服从市场大众的需求，就可能会输，会没有钱租房吃饭。代表着世俗权威的教授男友，则质疑着她坚守理想的意义。于是生存困境又表征为女性如何成就自我的性别困境。二人之间相差着年龄、阅历、社会地位，妥协的诱惑又是如此之大，生活的答案很容易就会滑向男性这边。但是，她若妥协，就是自我的全面缴械，是一个女性的存在论意义上的死亡。

在母亲这一方，她丧偶，贫穷，衰老，是最早被男权社会开除女性籍的一群人（她们时常被妖魔化，像李勤勤饰演的母亲朋友，浑身堆砌着艳丽夸张的服饰，算计着蝇头小利，贪小便宜，有着"塑料姐妹"情），但她依然有着要成为自己的坚强渴望，她还渴望着爱情，不甘心只是在他人妻子、母亲再到父亲的照顾者这些宿命般的女性角色间流转。

正是这共同的欲望链接了片中的女性角色，也弥合了母女之间的裂痕，让她们相互理解，结成同盟。女儿看到了母亲的欲望，鼓励她拿起笔写作。当母亲与男人的恋爱梦破灭，也渐渐开始理解女儿的不愿意结婚和与中年教授男友的决裂。影片的最后，女儿得到了稿费继续付房租，两人在新的基础上继续同居一室的生活。

这样的结局显然太完美，和解方式也令人生疑。这也是影片的矛盾之处：它试图讲述女性的普遍困境，但母女两人偏偏太过天赋异禀，相关的角色也局限于艺术圈这个小众的世界。寄身在胡同里的女儿是初试啼声就获得成功的编剧，男朋友是大学里的电影学教授，一直不工作的母亲也是会写小说的，并且一写就出手不凡——这样的经验实在太不具有普适性。

但在女性电影这个层面，影片确实有着极强的实验性和反叛性。它有着严重的反"美"倾向，即女演员完全是素颜出镜，大屏幕上，时常是一张皮肤粗糙松弛的脸占据了大半个画面，这是属于女人的真实，真实得似乎有一种刻意为之的"丑化"，透着让人不舒服的扭曲和恐怖。她们的生活也毫不浪漫，有着很坏很窘的生存环境、被仇恨和私心侵蚀的亲子关系、邋遢麻木的衰老过程、随时会吞

异见中的身体

噬自我的爱情……一切男性凝视下的女性的美与善，都受到了尖刻的挑战。

影片的结构也是反高潮的，没有结构，没有中心，很日常，看起来很零碎。它存心撕开生活的假面和艺术的伪装，挑战着要爽要刺激的观看习惯，去直面生活的真实。由于是女导演的作品，我愿意将此理解为一种女性潜意识中的动乱欲望，她渴望用女性的感知方式去重塑电影语言，让电影成为赋女性生活经验以意义的方式，让女人在观看自己真实一面的过程中得到解放。

5

杨荔钠的《春潮》的结构也是一反传统，没有核心故事，因此也没有过于戏剧化的人物设计和精确计算好的高潮，它像是日常生活片断的散文诗式的拼贴，一家三代，照面，吃饭，争吵，离开，周而复始，没有尽头。一如普通人的生活，上班，回家，吃饭，摩擦，忍受，时常让人窒息，想逃却又无力。

这是一种高度信任观众的影像表达，它无意取悦和掌控，它甚至警惕着那种俘获和说服的冲动，更倾向于与观众进行平等的对视和交流，我们或许可以说它是带有女性特质的一种交流方式，没有指向，没有目的，所呼唤的，只是一种坐下来的彼此倾听。

影片的主人公也全是女性：母亲纪明岚、女儿郭建波和小孙女郭婉婷。三代女性，携带着彼此的共性与差异，在家庭这个无法选择、无法修改的事实中相互爱着，折磨着。男性在剧中扮演的或是调和者（老周）或是陪伴者（郭建波的情人），或是性侵女生的老师、学校领导、警察这些更为次要的角色。当然，不容忽视的是父亲这个角色，他虽然从未出现，却是一个隐形的时刻在场者。

影片也透着女性艺术家的细腻与敏感，这种细腻与敏感并非是一切女性导演在拍摄女性题材电影时都必定会呈现出来的特质，它需要有对女性身体经验的全然的接纳尊重和对女性处境的无分彼此的共情。就像影片开头一幕，郝蕾饰演的女儿郭建波让座给一个抱着婴孩的母亲，这两位挤压在狭小生活空间里的女性无须太多语言，仅凭着感激的眼神和无言的微笑就建立了情感上的连接。这样的日常一幕每时每刻都在发生，如同被更大的声响吞噬的细语和没有回响的足音，完全可能不被赋予任何的意义，但是导演却发掘出它的动人魅力，让它成为影片的第一个场景，从而奠定了影片那种专属于女性的温柔却又坚韧的基调。

在随后的对性侵幼女案的采访中，郭建波怒不可遏地用背包砸向那个声称女学生都是自愿的、都是喜欢他的男老师，并冲上去给了对方一记响亮的耳光。这种冲动，是为母之人会有的冲动，也是身为女性才容易有的冲动，因为同为力量上的弱者，她们更能洞察到这套话术的卑劣与诡诈。还有纪明岚在老周求爱时显出的慌乱，郭建波在看向情人时流露出的渴望与疑惑——都是如此的细腻和敏感，带着对女性所承受的亏缺的怜惜，以及对两性情爱的身在其中又间离其外的冷静审视。

因此可以感觉到，影片是以女性对世界的感知作为创作的内驱力的，它随情绪翩然地流淌，跳跃，灵动，自然，自由，它日常琐碎，却生气勃勃，它不动声色，却蕴含激流，它往细微处探察，却走向了深广、博大。

它还将女性放在一个更为广阔的时空里去展开她们的命运。

母亲纪明岚是集体主义时代过来的人，她聪明能干，很得时代眷顾，在班上，在社区都是受人拥戴的干部，这也让她对过去的荣

异见中的身体

光抱有无限的留恋而对新时代的种种现象看不顺眼——不听父母管教的无情无义的年轻人、做记者的女儿一面吃着公粮一面报道社会的阴暗面并对男人抱着一种随便的态度。但她在为了改变命运而做出一个个特立独行的举动的时候，也为自己一手缔造出来的命运所捆绑，没有生命的欢愉和丈夫女儿的爱，只有拼尽一切地站在时代的潮头去实现虚幻的自我。她是骄傲的，也是可怜的，她缺乏反思，缺少爱和真正的友谊。

女儿郭建波成长在个体主义渐兴的时代，拥有更多的自我意识。但是作为一个理想主义者，她也不可避免地会遭到现实的当头一击，身心上的疲惫让她总是凝重地看着镜中的自己。寻找和沉思成了她这样一类知识女性在当下最常见的状态。她与母亲的对抗，虽然有着久远的家庭内部的原因（由于父亲给予了她更多陪伴和照顾，她自然站在了时刻声讨父亲的母亲的对立面），但也未尝不是时代造就的结果。没有时代对家庭的裹挟，也就不会有性格悲剧演化的土壤。

小女孩郭婉婷也在接受着应试教育和集体主义教育，但她已和母亲、姥姥不同。她带着先赋的古怪精灵和纯真的善意，收获了心心相印的友谊和更多的自由。她是一股新生的力量，她能缓和母亲和姥姥间的紧张，给这个家庭带来希望。

三个女性的影像，也如三段质地不同的乐章，或狂暴，或丰饶，或轻灵。三段乐章不断交织，融汇，构成了一部丰富、厚重、饱含深情的女性生命乐章。由于将女性的命运与时代紧紧关联在一起，这部乐章又渗透出更为深远的关怀。这种关怀是原生家庭和母职理论提供的心理学解释所无法达到的，它立足于个体，却由个体而整体，它立足于家，却由家而国，以一种更为开阔、豁朗的方式，实现了对人的更具尊严的理解。

这也让影片超脱出了"母女关系"这一家庭伦理故事的框架，成了一部由女性来讲述的时代变迁史，我们对于时代、家国的理解因为增添了女性的维度而变得更为全面而真实。

　　　　　　　　　　　　　本文原载《戏剧与影视评论》2021 年第 4 期

　　　异见中的身体

后　记

　　书中文章都是写于过去几年。其间疫情发生，在病毒威慑下，人类生活被迫按下暂停键。"身不由己"于是成为非常时期的常态，与本书主题正相呼应。体温监测、流动记录，分泌物提取……身体受到从未有过的关注，身体也在压力下渴望着倾吐。

　　因此，文章中的许多词句，应是有着时下流行的所谓"具身性"的特点，是当时身体经验的文字形态。写这篇后记时，已是 2023 年上海的深秋。过往如梦，记忆如清空的抽屉，后遗症却在身体上铭刻一切。

　　自认为通过这一系列的文章完成了从"提出问题"到有限作答的工作。也自知还留有大量的空白需要去填补。未来，我还将继续行进在这条道路上——一条既关乎生育的正义与尊严，也关乎自我的发现与完善的求索之路。

　　整个过程殊为不易。想感谢的人很多。有《读书》《戏剧与影视评论》《上海艺术评论》"澎湃·思想市场"等刊物和媒体的同仁——是你们，给我以无条件的信任与支持，让我写我想写，不需顾虑。社会学、法学以及艺术学、语言学等多个领域的师友，则从不同角度启发我的思维，给我带来灵感。还有潜心悟道的修行者们，在某些身心备受煎熬的时刻，是你们，教给我解缚与自在的方法。只是，出于一种应当能被理解的羞涩，对于帮助过我的诸君，我选择铭记，而非在后记中一一致谢了。

赵蔚华老师是本书的编辑。若没有她，这本书可能延宕再延宕，处在一个永远画不上句号的进行时态。而且，因为她的慧心，成书的过程不仅顺利而且还充满创造的乐趣，对此，我必须致以明确且真诚的感谢！

2023 年 10 月于海上宽园

图书在版编目(CIP)数据

异见中的身体/马姝著. —上海:上海人民出版
社,2024
ISBN 978 - 7 - 208 - 18676 - 7

Ⅰ.①异… Ⅱ.①马… Ⅲ.①女性-生育-社会问题
-研究 Ⅳ.①C923

中国国家版本馆 CIP 数据核字(2023)第 232434 号

责任编辑 赵蔚华
封面设计 谢定莹

异见中的身体

马 姝 著

出　　版　上海人民出版社
　　　　　(201101 上海市闵行区号景路 159 弄 C 座)
发　　行　上海人民出版社发行中心
印　　刷　苏州工业园区美柯乐制版印务有限责任公司
开　　本　890×1240 1/32
印　　张　5.25
插　　页　2
字　　数　117,000
版　　次　2024 年 1 月第 1 版
印　　次　2024 年 1 月第 1 次印刷
ISBN 978 - 7 - 208 - 18676 - 7/C · 706
定　　价　38.00 元